SJPT

Spec-up! Skill-up!

3S

초급 Level 1~5

도서출판 예빈우

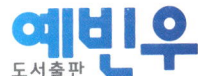

　일본어를 배우는 학습자들은 어휘나, 한자, 문법 등은, 거의 현지인들도 놀랄만큼 완벽하게(?) 알고 있는 경우가 많다. 그러나, 본인이 알고 있는 것을 말로서 표현할 경우, 억양, 발음, 표현, 문장의 구성 등에서 본인의 실력보다 훨씬 밑의 수준(?)으로 구사한다. 물론, 현지 경험이 전혀 없거나, 조금밖에 없을 경우를 말한다. 심지어, 어느 정도의 일본유학이나 연수의 경험이 있어도 회화능력이 상당히 떨어지는 경우도 있다. 왜 그럴까? 저자의 생각으로는, 학습자가 일본어는 한국어와 어순이 같기 때문에 어휘만 많이 알고 있으면 된다는 안일한 생각을 하고 있기 때문일 것이다. 그러면 어떻게 하면, 자연스럽고, 일본어다우며, 일본인처럼 대화를 할 수 있을까 라는 의문이 남는다. 단언컨데, 연습밖에 없다. 무작정 일본어를 읽는 것은 좋지 않다. 가급적이면, 일본 인터넷방송이나, 현재 방영 중인 일본드라마(소위 말하는 일드)를 통해서, 아나운서나 배우들이 하는 발음, 액센트, 인토네이션(억양) 등을 듣고, 그대로 흉내내는 연습을 많이 하기를 바란다. 모방은 창조의 어머니라고 하지 않는가? 학습자가 모방하는 속에서, 언젠가 그것이 본인의 일본어회화 실력으로 발휘될 것이다.

　요즘, 필자의 아들이 일본어공부를 많이 한다. 억지로 시키는 것이 아니고, 필자의 직업 때문이라고 생각이 든다. 가끔 SNS에 올려 여러분들로부터 놀람과 호평(?)도 받는다. 히라가나부터 가르치는 것이 아니라, 어릴 때부터 일본여행을 자주 다니다 보니, 저절로 일본어에 관심을 가지게 되었고, 필자인 아버지가 인터넷강의를 하는 것을 보고 따라하는 것 같다. 어린 녀석이 아버지 흉내를 내는 것을 보면 흐뭇하기도 하다. 아직 상당히 미숙하지만, 억양이나 발음은 거의 현지인과 같은 수준으로 구사한다. 스스로가 그들(일본인)의 억양이나 발음을 흉내내고 있는 것이다.

　이처럼, 모방이라는 것은 엄청난 힘을 가지고 있다. 학습자 여러분들도 모방을 거듭하여, 그 모방이 기가막힌 창조가 되기를 바란다.

　조만간 본 교재를 통해서 공부한 학습자들로부터 Lever 10을 받았다는 좋은 소식을 듣고 싶다. 여러분의 건투와 안녕을 빈다.

저자 이강우

목차

구성 및 특징	006
SJPT 출제 유형	008
SJPT 시험 소개	010
SJPT 기반다지기	014

PART 1

自己紹介 — 110
자기소개

UNIT 1 — 111

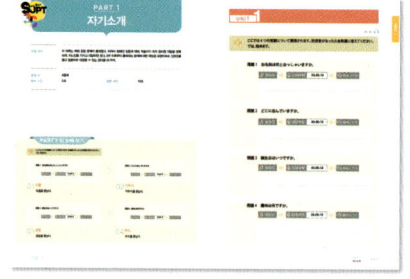

PART 2

簡単な応答 — 114
간단한 응답

UNIT 2 — 115
UNIT 3 — 125

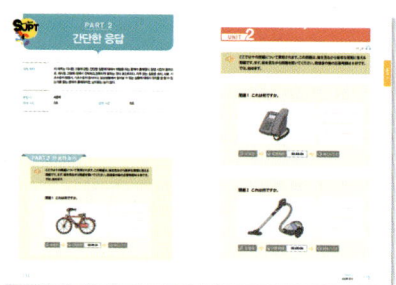

PART 3

迅速な応答 — 136
신속한 응답

UNIT 4 — 137

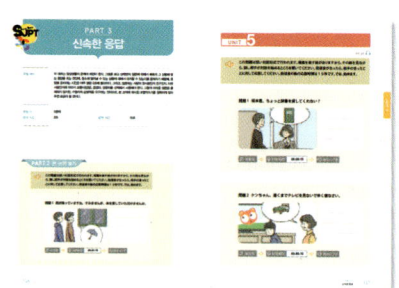

PART 4

短い応答   148
짧은 응답

UNIT 5   149

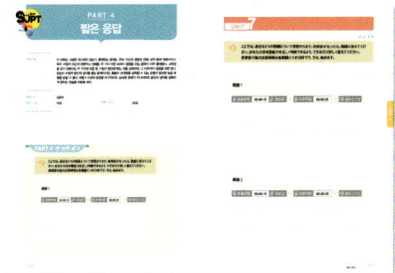

PART 5

長い応答   164
긴 응답

UNIT 6   165

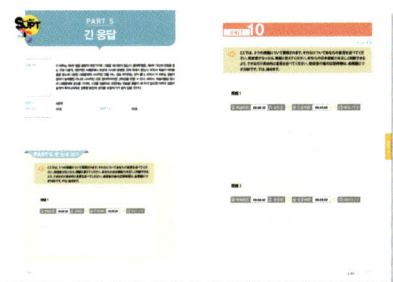

PART 6

場面設定   178
장면 설정

UNIT 7   179

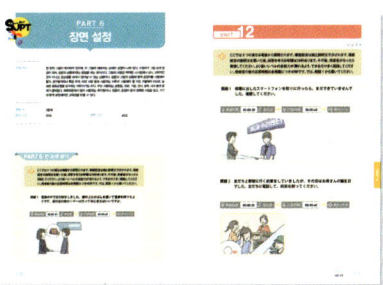

PART 7

連続した絵   192
연속된 그림

UNIT 8   193

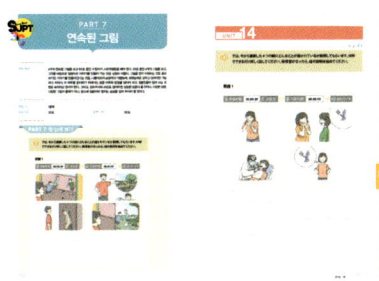

구성 및 특징

SJPT는 일본어 말하기 시험이므로, 문법적인 표현이나 설명보다, 회화적인 표현을 더욱 많이 학습을 해야만 고득점을 받을 수 있다. 물론, 문법적으로 완성되지 않은 표현으로 응답을 했을 경우에는, 낮은 레벨의 자격을 취득한다. 다만, 학습자가 기본적인 문법을 숙지하고, 본 교재로 공부를 한다면, SJPT에 대해서 충분한 자신감을 가질 수 있을 것이다.

본 교재는 각각의 파트에서 알아야 할 어휘나 표현을, 실전문제에 대비해서 완벽하게 구성하였다. 어휘뿐만 아니라, 문장에 대한 이해도를 높이기 위해서, 실전에서 바로 사용할 수 있는 예문도 충분히 게재하였으므로, 학습자가 스스로 문장을 만들어야 하는 수고를 줄일 수 있도록 하였다.

각 파트에서는 실전에서 알아야 할 기본적인 문제 형식을 게재함으로써, 어떤 식으로 대답을 해야 하는가에 대한 충분한 대비를 할 수 있도록 하였다. 그리고, 각 파트별로 출제 예상되는 문제를 세분화하여 나누었기 때문에, 학습자가 자신이 부족한 파트를 집중적으로 공부할 수 있도록 하였다. 파트별로 세분화된 문제는 각 파트의 특성에 따라 다수의 문제로 구성하였다.

대답의 예를 한 개가 아닌, 세 개를 실음으로써, 학습자 수준에 맞는 다양한 대답형식을 선택할 수 있도록 하였다. SJPT는 정답이 있는 것이 아니고, 모범답안이 있다. 따라서 높은 레벨의 점수를 받기 위해서는, 일정할 룰에 따라서 응답을 하는 것이 가장 중요하다. 이러한 형식을 대답의 예에서 충분히 이해할 수 있을 것이다.

응답을 할 때의 알아야 할 표현과, 각 파트별에 맞춘 기본적인 회화, 문형, 예문 등을 공부함으로써 학습자들이 실전에서 어떤 방식으로 대답을 해야 할 지를 알 수 있도록 하였다. 실제 일본인들이 가장 많이 사용하는 예문과 어휘, 문장형식으로 게재되어 있으므로, SJPT를 채점하는 일본인 선생님들이 높은 레벨의 점수를 줄 수밖에 없도록 구성하였다.

SJPT 출제 유형

Part 1　자기소개

(1) 이름, (2) 거주지 (3) 생일 (4) 취미 를 묻는 문제가 출제됩니다.
질문을 하고, 수험자가 답변을 하는 시간은 「10초」입니다.
▶ 출제 문항 : 4문항　응답준비 : 0초　응답시간 : 10초

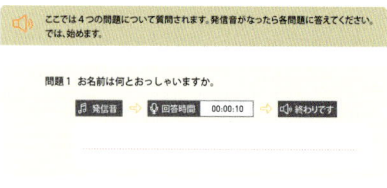

Part 2　간단한 질문에 대한 응답

컴퓨터 화면 상에 그림이 나오고, 그 그림 내용에 맞는 질문이 나오면 그림을 보면서, 그 그림에 맞는 적당한 대답을 합니다. 수험자가 답변을 하는 시간은 「6초」입니다.
▶ 출제 문항 : 4문항　응답준비 : 3초　응답시간 : 6초

Part 3　신속한 응답

짧은 대화형식의 문제입니다. . 대화장면을 나타내는 그림이 나오며, 그 그림을 보면서 성우가 질문한 내용에 대해서 응답하는 문제입니다. 수험자가 답변을 하는 시간은 「15초」입니다.
▶ 출제 문항 : 5문항　응답준비 : 2초　응답시간 : 15초

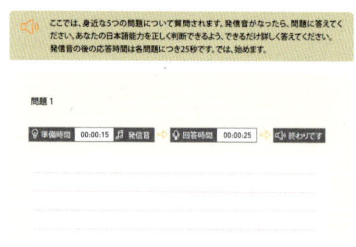

Part 4　짧은 응답

여기에서는 그림이 없습니다. 그러나 화면에 일본어문자가 나옵니다.
음성으로 질문을 들은 후 15초동안 생각(응답준비)할 시간이 있습니다. 수험자가 답변을 하는 시간은 「25초」입니다.
▶ 출제 문항 : 5문항　응답준비 : 15초　응답시간 : 25초

Part 5 긴 응답

여기에서는 그림이 없습니다. 그러나 화면에 일본어문자가 나옵니다.
음성으로 질문을 들은 후 30초동안 생각(응답준비)할 시간이 있습니다. 수험자가 답변을 하는 시간은 「50초」입니다.
▶ 출제 문항 : 4문항 응답준비 : 30초 응답시간 : 50초

Part 6 장면 설정

여기에서는 화면에 그림과 일본어문자가 나옵니다.
음성으로 질문을 들은 후 30초동안 생각(응답준비)할 시간이 있습니다. 수험자가 답변을 하는 시간은 「40초」입니다.
▶ 출제 문항 : 3문항 응답준비 : 30초 응답시간 : 40초

Part 7 연속된 그림

네 컷 만화를 보고 스토리를 말하는 문제입니다.
연속된 그림을 보고 30초동안 생각(응답준비)할 시간이 있습니다. 수험자가 답변을 하는 시간은 「90초」입니다.
▶ 출제 문항 : 1문항 응답준비 : 30초 응답시간 : 90초

SJPT 시험 소개

SJPT이란?

SJPT(Spooken Japanese Proficiency Test)는 CBT방식의 일본어 Speaking Test 로, 일본어 학습자의 '일본어 말하기 능력'을 측정하는 시험입니다. 구체적으로 아래와 같은 능력을 측정합니다.

시험 구성

Part	문항	구성	내용	시간 준비	시간 답변
Part 1	4	自己紹介 자기 소개	자기소개	0초	10초
Part 2	4	簡単な応答 그림보고 답하기	그림을 보고 간단한 질문에 대답하기	3초	6초
Part 3	5	迅速な応答 신속한 응답	상황에 맞게 스피드하게 대답하기	2초	15초
Part 4	5	短い応答 짧은 응답	자신의 생각에 대해서 이유를 설명하여 말하기	15초	25초
Part 5	4	長い応答 긴 응답	생각과 의견을 묻는 질문에 논리적으로 대답하기	30초	50초
Part 6	3	場面設定 장면 설정	그림의 내용을 들으면서, 상황에 맞추어 대답하기	30초	40초
Part 7	1	連続した絵 연속된 그림	연속된 4개의 그림을 보고 스토리텔링하기	30초	90초

＊답변준비시간이란 각각의 문제에 대한 질문이 끝난 뒤, 발신음이 들릴때까지의 시간입니다. 모든 질문에 대한 대답은 발신음이 울린 후에 하면 됩니다.

＊모든 시험이 끝나면 마지막에 SJPT에 대해 자유롭게 이야기하는 시간이 30초 주어집니다. SJPT에 대한 의견이나 시험을 마친 소감 등을 간단히 말해 주세요.

평가 레벨

SJPT는 가장 낮은 등급인 Lever 1부터 가장 높은 등급인 Lever 10까지 총 10개의 등급으로 나누어 채점된다. 또한 동일한 Lever 내에서도 응시자 간의 실력을 비교할 수 있도록 문법, 어휘, 발음, 유창성의 4가지 Skill을 별도로 채점해 가중치를 부여한다.

Level		Proficiency Level
Level 10	上級	어떤 화제나 상황에서도 자신의 의견을 논리적이고 정확하게 전개 가능한 수준
Level 9		대부분의 주제에 대해 일본인과 원활하게 의논 및 의사소통이 가능한 수준
Level 8		다양하고 폭넓은 주제에 대한 자신의 주장과 그 근거를 말할 수 있을 정도의 대화가 가능한 수준
Level 7	中級	일본인과 대화할 때, 대부분의 경우 자신의 의견을 효과적으로 전달 가능한 수준
Level 6		어떤 주제에 대해 유창하지는 않더라도, 바르게 이해하고 그에 대한 설명 등이 가능한 수준
Level 5		일본에서 혼자 여행할 수 있을 정도의 의사소통이 가능한 수준
Level 4		안부나 약속시간 확인 등 간단한 회화에 대응이 가능한 수준
Level 3		유창하지는 않더라도 일상적인 주제에 대해 간단한 대화가 가능한 수준
Level 2	初級	날짜나 나이 등 자신과 관련된 질문에 대한 대답이 가능한 수준
Level 1		암기한 단어나 표현 위주로 기본적인 인사와 자기소개가 가능한 수준

SJPT 기반다지기

SJPT 기반 다지기

기본문형으로 표현익히기

1 의문형(1)

■ ~は…か。: ~은(는)…까?
➡ 彼は学生ですか。그는 학생입니까?
➡ 傘はどこにありますか。우산은 어디에 있습니까?

2 의문형(2)

■ ~が…か。: ~이(가)…까?
➡ 彼があなたの先生ですか。그가 당신의 선생님입니까?
➡ 日本語ができますか。일본어를 할 수 있습니까?

3 い형용사의 현재형/과거형(긍정·부정)

A : 정중 현재형

긍정 ~です : ~입니다
➡ 坂本さんはおもしろいです。사카모토 씨는 재미있습니다.
➡ この部屋は明るいです。이 방은 밝습니다.

부정 ~くないです=~くありません : ~지 않습니다
➡ このくつは新しくないです。/新しくありません。이 신발은 새롭지 않습니다.
➡ 今日は暑くないです。/暑くありません。오늘은 덥지 않습니다.

B : 정중 과거형

긍정 ~かったです : ~였습니다
➡ 昨日は寒かったです。어제는 추웠습니다.
➡ とても危なかったです。매우 위험했습니다.

부정 ~くなかったです=~くありませんでした : ~지 않았습니다
➡ 彼はやさしくなかったです。그는 상냥하지 않았습니다.
➡ 部屋は汚くありませんでした。방은 더럽지 않았습니다.

C : 반말 현재형

긍정 - 사전형(원형)
➡ この本は厚い。이 책은 두껍다.
➡ 風が涼しい。바람이 선선하다.

부정 ~くない : ~지 않다
➡ 荷物は重くない。짐은 무겁지 않다.
➡ 会社まで遠くない。회사까지 멀지 않다.

D : 반말 과거형

긍정 ~かった : ~였다
➡ 昨日は暖かかった。어제는 따뜻했었다.
➡ テストは難しかった。테스트는 어려웠다.

부정 ~くなかった : ~지 않았다
➡ 料理はおいしくなかった。요리는 맛이 없었다.
➡ 映画は悪くなかった。영화는 나쁘지 않았다.

4 い형용사의「て」형

■ ~くて : ~하고, ~해서
➡ 図書館は明るくて、静かです。도서관은 밝고, 조용합니다.
➡ このうどんは安くて、おいしいです。이 우동은 싸고, 맛있습니다.

5 い형용사의 연체형+동사

～く+동사 : ~하게+동사

→ 早く言ってください。빨리 말해 주세요.
→ とても難しく思います。매우 어렵게 생각합니다.

6 い형용사+명사

→ おいしいケーキでした。맛있는 케이크였습니다.
→ 楽しい旅行でした。즐거운 여행이었습니다.

7 い형용사+の (の는 명사의 대용)

→ かばんの中で大きいのはいくらですか。가방 중에서 큰 것은 얼마입니까?
→ くつはどれが安いのですか。신발은 어느 것이 싼 것입니까?

한 눈에 보는 형용사의 활용도

おもしろい ⇒ おもしろい 재미있다	
おもしろいです	재미있습니다
おもしろかろう	재미있겠지
おもしろいでしょう	재미있겠지요
おもしろくて	재미있고, 재미있어서
おもしろくない	재미있지 않다
おもしろくありません	재미있지 않습니다
おもしろくても	재미있어도
おもしろく	재미있게
おもしろい	재미있는+명사
おもしろかった	재미있었다
おもしろかった(ん)です	재미있었습니다
おもしろければ	재미있으면

8 な형용사의 현재형/과거형 (긍정·부정)

A : 정중 현재형

긍정 ～です : ~입니다
→ この小説は有名です。이 소설은 유명합니다.
→ 坂本さんは親切です。사카모토 씨는 친절합니다.

부정 ～ではありません : ~지 않습니다
→ 旅行は好きではありません。여행은 좋아하지 않습니다.
→ この花はきれいではありません。이 꽃은 예쁘지 않습니다.

B : 정중 과거형

긍정 ～でした : ~였습니다
→ 彼は英語が上手でした。그는 영어를 잘했습니다.
→ あの町はにぎやかでした。저 마을은 번화했습니다.

부정 ～ではありませんでした : ~지 않았습니다
→ 友だちは元気ではありませんでした。친구는 건강하지 않았습니다.
→ 昨日はひまではありませんでした。어제는 한가하지 않았습니다.

C : 반말 현재형

긍정 ～だ : ~하다
→ 日本語の漢字は下手だ。일본어 한자는 서툴다.
→ この絵は有名だ。이 그림은 유명하다.

부정 ～ではない : ~지 않다
→ あの人の歌は上手ではない。저 사람의 노래는 능숙하지 않다.
→ この花はきれいではない。이 꽃은 예쁘지 않

SJPT 기반 다지기

다.

D : 반말 과거형

긍정 **~だった : ~였다**
→ 彼の作品はりっぱだった。 그의 작품은 훌륭했다.
→ 子供の時から英語はきらいだった。 어릴 때부터 영어는 싫어했다.

부정 **~ではなかった : ~지 않았다**
→ 豚肉は好きではなかった。 돼지고기는 좋아하지 않았다.
→ テニスはそんなに上手ではなかった。 테니스는 그다지 잘하지 않았다.

9 な형용사의 「で」형

■ **~で : ~하고, ~해서**
→ 坂本さんは親切で、やさしいです。 사카모토 씨는 친절하고 상냥합니다.
→ 肉は大好きで、毎日食べる。 고기는 아주 좋아해서 매일 먹는다.

10 な형용사의 연체형+동사

■ **~に+동사 : ~하게(부사화)+동사**
→ 図書館では静かにしてください。 도서관에서는 조용히 해 주세요.
→ 子供は自分の意見を上手に話した。 아이는 자신의 의견을 능숙하게 말했다.

11 な형용사+명사

■ **な형용사어간+な+명사**
→ 先生はとても親切な方です。 선생님은 매우 친절한 분입니다.
→ 子供は自分がきらいなものは食べません。 아이는 자신이 싫어하는 것은 먹지 않습니다.

12 な형용사+の (のは 명사의 대용)

→ 果物の中で好きなのは何ですか。 과일 중에서 좋아하는 것은 무엇입니까?
→ 乗り物の中で便利なのは電車です。 탈 것 중에서 편리한 것은 전철입니다.

■ **한 눈에 보는 な형용사의 활용도**

しずか ⇒ しずかだ 조용하다	
しずかです	조용합니다
しずかではない	조용하지 않다
しずかではなかった	조용하지 않았다
しずかではありません	조용하지 않습니다
しずかではありませんでした	조용하지 않았습니다
しずかで	조용하고, 조용해서
しずかな	조용한+명사
しずかだった	조용했었다
しずかだったです	조용했습니다
しずかでした	조용했습니다
しずかになる	조용해지다

13 동사의 현재형/과거형(긍정·부정)

A : 정중 현재형

긍정 **~ます : ~니다**
→ 毎朝新聞を読みます。 매일 아침 신문을 읽습니다.
→ 坂本さんは会社へ行きます。 사카모토 씨는 회사에 갑니다.

부정 **~ません : ~안 합니다, ~하지 않습니다**
→ 豚肉は全然食べません。 돼지고기는 전혀 먹지 않습니다.
→ テレビは見ません。 텔레비전은 안 봅니다.

B : 정중 과거형

긍정 ~ました : ~했습니다
→ 私はプレゼントを買いました。 나는 선물을 샀습니다.
→ 私は昼ご飯を食べました。 나는 점심밥을 먹었습니다.

부정 ~ませんでした : ~않았습니다, ~하지 않았습니다
→ 友だちに電話しませんでした。 친구에게 전화하지 않았습니다.
→ 先生の話を聞きませんでした。 선생님의 이야기를 듣지 않았습니다.

C : 반말 현재형

긍정 - 사전형(원형)
→ 皿を洗う。 접시를 씻는다.
→ 学校で勉強する。 학교에서 공부한다.

부정 ~ない : ~안 하다, ~하지 않다
→ あの人とは話さない。 저 사람과는 이야기를 안 한다.
→ 秘密だから言わない。 비밀이기 때문에 말하지 않는다.

D : 반말 과거형

긍정 ~た(だ) : ~했다
→ 先生にお願いした。 선생님께 부탁했다.
→ 一人で映画を見た。 혼자서 영화를 보았다.

부정 ~なかった : ~안 했다, ~하지 않았다
→ 朝から全然ご飯を食べなかった。 아침부터 전혀 밥을 먹지 않았다.
→ プールで泳がなかった。 풀장에서 수영하지 않았다.

14　자동사/타동사
→ 窓が開く。 : 창문이 열리다 - 窓を開ける。 : 창문을 열다
→ 窓が閉まる。 : 창문이 닫히다 - 窓を閉める。 : 창문을 닫다

15　동사의「て」형
→ 朝起きて、新聞を読みます。 아침에 일어나서, 신문을 읽습니다.
→ 宿題をしています。 숙제를 하고 있습니다.

16　타동사+てある : ~해져 있다(상태 표현)
→ 時計が壁にかけてある。 시계가 벽에 걸려 있다.
→ 車が止めてあります。 차가 세워져 있습니다.

17　동사+ている : ~하고 있다(현재 진행형, 상태 표현)
→ 私はいま本を読んでいます。 나는 지금 책을 읽고 있습니다.
→ ドアが閉まっています。 문이 닫혀 있습니다.

18　동사의 부정형의「ないで」: ~하지 말고, ~하지 않고
→ テレビを見ないで勉強しなさい。 텔레비전을 보지 말고 공부해라.
→ 昨日は寝ないでテレビを見た。 어제는 자지 않고 텔레비전을 보았다.

19　명사의 현재형/과거형(긍정·부정)

A : 정중 현재형

긍정 ~です : ~입니다
→ 先生は男性です。 선생님은 남성입니다.

SJPT 기반 다지기

➡ 坂本さんは学生です。 사카모토 씨는 학생입니다.

부정 ～ではありません : ~이(가) 아닙니다
➡ 私はアメリカ人ではありません。 나는 미국인이 아닙니다.
➡ 今日は休みではありません。 오늘은 쉬는 날이 아닙니다.

B : 정중 과거형

긍정 ～でした : ~였습니다
➡ 友だちはエンジニアーでした。 친구는 엔지니어었습니다.
➡ 坂本さんは会社員でした。 사카모토 씨는 회사원이었습니다.

부정 ～ではありませんでした : ~이(가) 아니었습니다
➡ 赤い花ではありませんでした。 빨간 꽃이 아니었습니다.
➡ 先輩は銀行員ではありませんでした。 선배는 은행원이 아니었습니다.

C : 반말 현재형

긍정 ～だ : ~이다
➡ 明日は日曜日だ。 내일은 일요일이다.
➡ これは丸いコップだ。 이것은 둥근 컵이다.

부정 ～ではない : ~이(가) 아니다
➡ これはつくえではない。 이것은 책상이 아니다.
➡ 私がほしいのはコンピューターではない。 내가 갖고 싶은 것은 컴퓨터가 아니다.

D : 반말 과거형

긍정 ～だった : ~였다

➡ 昨日は日よう日だった。 어제는 일요일이었다.
➡ 坂本さんは先生だった。 사카모토 씨는 선생님이었다.

부정 ～ではなかった : ~이(가) 아니었다
➡ 昨日は休みではなかった。 어제는 휴일이 아니었다.
➡ あれはりんごではなかった。 저것은 사과가 아니었다.

20   명사+で : ~고
➡ 坂本さんは先生で、キムさんは学生です。 사카모토 씨는 선생님이고, 김 씨는 학생입니다.
➡ 明日は雨で、あさっては晴れです。 내일은 비가 내리고 모레는 맑습니다.

21   명사+の+명사
➡ これは私のボールペンです。 이것은 나의 볼펜입니다.
➡ 私の友だちです。 저의 친구입니다.

22   명사+の (の는 명사의 생략)
➡ そのかばんは私のです。 그 가방은 나의 것입니다.
➡ 私のはそれです。 나의 것은 그것입니다.

23   명사절+명사(~하는…)
➡ あれは大学へ行くバスです。 저것은 대학으로 가는 버스입니다.
➡ これは母にあげるものです。 이것은 어머니께 드릴 것입니다.

24   명사절 내에서의「が와の」

→ 友だちの(が)作った料理を食べました。 친구가 만든 요리를 먹었습니다.
→ けさ、背の(が)高い人がここへ来ました。 오늘 아침에 키가 큰 사람이 여기에 왔습니다.
→ あの目の(が)きれいな方はどなたですか。 저 눈이 예쁜 분은 누구입니까?

한 눈에 보는 명사의 활용도

先生 ⇒ 先生だ 선생님이다	
先生です	선생님입니다
先生ではない	선생님이 아니다
先生ではなかった	선생님이 아니었다
先生ではありません	선생님이 아닙니다
先生ではありませんでした	선생님이 아니었습니다
先生で	선생님이고, 선생님이어서
先生の	선생님의~, 선생님인~
先生だった	선생님이었다
先生だったんです	선생님이었습니다
先生でした	선생님이었습니다

조사/지시어/의문사로 표현 익히기

1 의문사

A : 어휘별

なに/なん : 무엇, 무슨
→ 何を見ましたか。 무엇을 보았습니까?
→ それは何ですか。 그것은 무엇입니까?

だれ/どなた : 누구
→ 誰が行きますか。 누가 갑니까?
→ あなたはどなたですか。 당신은 누구입니까?

いつ : 언제
→ あの人はいつ帰りましたか。 저 사람은 언제 돌아갔습니까?
→ 卒業式はいつですか。 졸업식은 언제입니까?

いくつ : 몇 개(개수), 몇 살(연령)
→ りんごはいくつありますか。 사과는 몇 개 있습니까?
→ 子供は今年いくつですか。 아이는 올해 몇 살입니까?

いくら : 얼마
→ このシャツはいくらですか。 이 셔츠는 얼마입니까?
→ この花は一本いくらですか。 이 꽃은 한 송이 얼마입니까?

どれ : 어느, 어느 것
→ あなたの傘はどれですか。 당신 우산은 어느 것입니까?

SJPT 기반 다지기

➡ 日本までどれぐらいですか。일본까지 어느 정도입니까?

■ どの : 어떤, 어느
➡ 坂本さんはどの人ですか。사카모토 씨는 누구입니까?
➡ どの方が坂本さんですか。어느 분이 사카모토 씨입니까?

■ どこ : 어디
➡ ここはどこですか。여기는 어디입니까?
➡ あなたの会社はどこですか。당신 회사는 어디입니까?

■ どちら : 어느 쪽
➡ トイレはどちらですか。화장실은 어느 쪽입니까?
➡ 南はどちらですか。남쪽은 어느 쪽입니까?

■ どう/いかが : 어떻(게)
➡ 日本の生活はどうですか。일본 생활은 어떻습니까?
➡ 留学をどう思いますか。유학을 어떻게 생각합니까?

■ どんな : 어떤
➡ あなたはどんな映画をみましたか。당신은 어떤 영화를 보았습니까?
➡ 岡田さんはどんな人ですか。오카다 씨는 어떤 사람입니까?

■ どのぐらい/どれぐらい : 어느 정도(시간, 수량)
➡ 家から会社までどのぐらいかかりますか。집에서 회사까지 어느 정도 걸립니까?
➡ たばこをどのぐらい吸いますか。담배를 어느 정도 피웁니까?

■ なぜ/どうして : 왜, 어째서
➡ あなたはなぜ学校を休みましたか。당신은 왜 학교를 쉬었습니까?
➡ 昨日どうして来なかったですか。어제 왜 안 왔습니까?

B : 의문사+か : ~가

■ なにか : 뭔가
➡ ソファーの下に何かありますか。소파 밑에 뭔가 있습니까?
➡ 書類に何か問題がありますか。서류에 뭔가 문제가 있습니까?

■ だれか : 누군가
➡ 教室にだれかいますか。교실에 누군가 있습니까?
➡ 今日だれか来ますか。오늘 누군가 옵니까?

■ どこかへ : 어딘가에
➡ 今日はどこかへ行きたいですね。오늘은 어딘가에 가고 싶습니다.
➡ 昨日はどこかへ行きましたか。어제는 어딘가에 갔습니까?

C : 의문사+も+부정 : ~도…하지 않는다(없다)

■ 何も : 아무것도
➡ かばんの中には何もありません。가방 안에는 아무것도 없습니다.
➡ 日曜日は何もしません。일요일은 아무것도 안

합니다.

- **誰も** : 아무도
  - ➡ 教室には誰もいません。 교실에는 아무도 없습니다.
  - ➡ それは誰もしりません。 그것은 아무도 모릅니다.

- **どこへも** : 어디에도, 아무데도
  - ➡ 明日はどこへも行きません。 내일은 아무데도 안 갑니다.
  - ➡ 今日はどこへも行きたくないです。 오늘은 아무데도 가고 싶지 않습니다.

2 지시어

A : 대명사

- **これ** : 이것
  - ➡ これはノートです。 이것은 노트입니다.

- **それ** : 그것
  - ➡ それは彼のです。 그것은 그의 것입니다.

- **あれ** : 저것
  - ➡ あれはおもしろいです。 저것은 재미있습니다.

- **どれ** : 어느 것
  - ➡ あなたのかばんはどれですか。 당신의 가방은 어느 것입니까?

B : 연체사

- **この** : 이~

- ➡ このコンピューターは便利です。 이 컴퓨터는 편리합니다.

- **その** : 그~
  - ➡ そのしょうゆをとってください。 그 간장을 집어 주세요.

- **あの** : 저~
  - ➡ あの人ははじめて会いました。 저 사람은 처음 만났습니다.

- **どの** : 어느~, 어떤~
  - ➡ どの映画がおもしろいですか。 어떤 영화가 재미있습니까?

C : 장소

- **ここ** : 이곳
  - ➡ ここに止めてください。 여기에 세워주세요.

- **そこ** : 그곳
  - ➡ そこに子どもがいます。 그곳에 아이가 있습니다.

- **あそこ** : 저곳
  - ➡ あそこは図書館です。 저곳은 도서관입니다.

- **どこ** : 어느 곳
  - ➡ デパートはどこですか。 백화점은 어느 곳입니까? (어디입니까?)

D : 방향

- **こちら/こっち** : 이쪽

SJPT 기반 다지기

➡ 社長はこちらです。 사장님은 이쪽입니다.

そちら/そっち : 그쪽
➡ そちらは行けません。 그쪽은 갈 수 없습니다.

あちら/あっち : 저쪽
➡ あちらで待ってください。 저쪽에서 기다려 주세요.

どちら/どっち : 어느 쪽
➡ 北はどちらですか。 북쪽은 어느 쪽입니까?

한 눈에 보는 こ・そ・あ・ど

	것(대명사)	연체사	곳(장소)	쪽(방향)
이	これ	この	ここ	こちら/こっち
그	それ	その	そこ	そちら/そっち
저	あれ	あの	あそこ	あちら/あっち
어느, 어떤	どれ	どの	どこ	どちら/どっち

3 조사

A : 격조사

(1) が : ~이, ~가(주어)
➡ 私がしたことではない。 내가 한 것이 아니다.
➡ これが彼が描いた絵です。 이것이 그가 그린 그림입니다.

(2) を : ~을, ~를

목적어

➡ 本だなに本を入れた。 책꽂이에 책을 넣었다.
➡ 友だちと映画を見た。 친구와 영화를 보았다.

기점
➡ 家を出ます。 집에서 나옵니다.
➡ バスを降ります。 버스에서 내립니다.

경로
➡ 道を歩きます。 길을 걷습니다.
➡ 海を泳ぎます。 바다를 헤엄칩니다.

경유지
➡ 駅の前を通ります。 역 앞을 지납니다.
➡ 橋を渡ります。 다리를 건넙니다.

(3) に : ~에, ~을(를), ~하러

장소
➡ ここに私の妹がいます。 여기에 제 여동생이 있습니다.
➡ 病院に行きます。 병원에 갑니다.

도달점
➡ バスに乗ります。 버스를 탑니다.
➡ 先生に会います。 선생님을 만납니다.

시간
➡ １５日にテストがある。 15일에 테스트가 있다.
➡ 水曜日に予約した。 수요일에 예약했다.

■ 목적
→ 図書館へ勉強に行きます。 도서관에 공부하러 갑니다.
→ お酒を飲みに行きます。 술을 마시러 갑니다.

■ 기간+횟수
→ 一週間に三回勉強します。 일주일에 세 번 공부합니다.
→ 一日二回練習します。 하루에 두 번 연습합니다.

(4) で : ~에서, ~(으)로

■ 장소
→ 公園で散歩をします。 공원에서 산책을 합니다.
→ 駅で友だちに会う。 역에서 친구를 만난다.

■ 방법
→ タクシーで行きます。 택시로 갑니다.
→ いつもバスでうちへ帰ります。 항상 버스로 집으로 돌아갑니다.

■ 도구
→ 日本人ははしでご飯を食べます。 일본인은 젓가락으로 밥을 먹습니다.
→ 鉛筆で手紙をかきます。 연필로 편지를 씁니다.

■ 재료
→ 木でつくえを作ります。 나무로 책상을 만듭니다.
→ 紙で飛行機を作ります。 종이로 비행기를 만듭니다.

■ 이유
→ かぜで学校を休みました。 감기로 학교를 쉬었습니다.
→ たばこの火で火事が起きました。 담뱃불로 화재가 일어났습니다.

■ 수량+で+수량
→ 三つで千円です。 세 개로 천 엔입니다.
→ 五人で二千円です。 다섯 명으로 2천 엔입니다.

(5) へ : ~에, ~으로
→ 私は来週アメリカへ行きます。 나는 다음 주 미국에 갑니다.
→ 家族で東京へ行きます。 가족이 도쿄에 갑니다.

(6) と : ~와(과), ~와(과) 함께

■ 연결
→ つくえの上に本とノートがあります。 책상 위에 책과 노트가 있습니다.
→ 教室に先生と学生がいます。 교실에 선생님과 학생이 있습니다.

■ 동작의 공동
→ 友だちと一緒に海で泳いだ。 친구와 함께 바다에서 수영했다.
→ テニスは友だちと一緒にしました。 테니스는 친구와 함께 했습니다.

■ 동작의 상대
→ 友だちと会います。 친구와 만납니다.
→ 弟とけんかをしました。 남동생과 싸움을 했습니다.

SJPT 기반 다지기

(7) から/まで : ~에서(부터)/~까지

▌장소
- 私はインドから来ました。 나는 인도에서 왔습니다.
- このバスは東京から大阪まで行きます。 이 버스는 도쿄에서 오사카까지 갑니다.

▌시간
- 銀行は10時から3時までです。 은행은 10시부터 3시까지입니다.
- 展示会は日曜日までです。 전시회는 일요일까지입니다.

(8) や : ~랑
- 箱の中にりんごやすいかがあります。 상자 안에 사과랑 수박이 있습니다.
- 友だちと本やノートを買った。 친구와 책이랑 노트를 샀다.

B : 부조사

(1) も : ~도
- 田中さんも坂本さんも来ました。 다나까 씨도 사카모토 씨도 왔습니다.
- お金も車もありません。 돈도 차도 없습니다.

(2) 격조사+は/も

▌には : ~에는, ~에게는
- いすの上には新聞があります。 의자 위에는 신문이 있습니다.
- 彼には頼めません。 그에게는 부탁할 수 없습니다.

▌でも : ~에서도
- バスの中でも勉強します。 버스 안에서도 공부합니다.
- この店でも文房具を売っています。 이 가게에서도 문방구를 팔고 있습니다.

▌へは : ~로는
- このバスは大学へは行きません。 이 버스는 대학 쪽으로는 안 갑니다.
- この電車は新宿へは行きません。 이 전철은 신주쿠 쪽으로는 안 갑니다.

▌とは : ~와(과)는
- 田中さんとは話しましたが、坂本さんとは話しませんでした。 다나까 씨와는 이야기했습니다만, 사카모토 씨와는 이야기하지 않았습니다.
- 彼とは行きたくないです。 그와는 가고 싶지 않습니다.

(3) か : ~이나, ~할 지(까)
- 今日か明日きてください。 오늘이나 내일 와주세요.
- 行くか行かないか、わかりません。 갈지 안 갈지, 모르겠습니다.

(4) など : ~등
- つくえの上に本やノートなどがあります。 책상 위에 책이랑 노트 등이 있습니다.
- かばんに鉛筆や万年筆などがあります。 가방에 연필이랑 만년필 등이 있습니다.

(5) ぐらい : ~정도

▌대략의 수량

- 来る人は１０人ぐらいです。 올 사람은 10명 정도입니다.
- りんごが１０個ぐらいあります。 사과가 10개정도 있습니다.

■ 대략의 시간
- 出発まで１時間ぐらいあります。 출발까지 한 시간정도 있습니다.
- 十分ぐらいかかります。 10분 정도 걸립니다.

(6) だけ : ~뿐, ~만
- 男の人は一人だけです。 남자는 한 명 뿐입니다.
- 持っているのはこれだけです。 가지고 있는 것은 이것 뿐입니다.

(7) しか : ~밖에
- お金が少ししかありません。 돈이 조금밖에 없습니다.
- 私は英語しかできない。 나는 영어밖에 못한다.

C : 접속조사

(1) て

■ 단순접속
- 朝起きて、新聞を読みます。 아침에 일어나서 신문을 읽습니다.
- バスに乗って、窓の外を見ました。 버스를 타고 창 밖을 보았습니다.

■ 부사적으로 방법을 설명
- この本を使って勉強します。 이 책을 사용해서 공부합니다.
- めがねをかけて本をよみます。 안경을 끼고 책을 읽습니다.

■ 이유
- かぜをひいて、会社を休んだ。 감기 들어서 회사를 쉬었다.
- 友だちの話を聞いて笑いました。 친구의 이야기를 듣고 웃었습니다.

(2) が : ~만(역접)
- このテレビはいいですが、高いです。 이 텔레비전은 좋습니다만, 비쌉니다.
- この問題はやさしいができない。 이 문제는 쉽지만 못 하겠다.

D : 종조사

(1) か : ~까?

■ 예/아니오 를 유도하는 의문문
- それはあなたの本ですか。 그것은 당신 책입니까?
- 坂本さんは先生ですか。 사카모토 씨는 선생님입니까?

■ 의문사
- 誰が来ましたか。 누가 왔습니까?
- 何がありますか。 뭐가 있습니까?

■ 선택 의문문
- あの人は会社員ですか、学生ですか。 저 사람은 회사원입니까, 학생입니까?
- これはあなたのですか、友だちのですか。 이것은 당신 것입니까, 친구 것입니까?

SJPT 기반 다지기

(2) ね : ~군요
→ 今日はとてもいい天気ですね。 오늘은 매우 좋은 날씨이군요.
→ きれいな財布ですね。 예쁜 지갑이군요.

(3) よ : ~해요
→ 彼はおもしろい人ですよ。 그는 재미있는 사람이에요.
→ 飛行機は速いですよ。 비행기는 빨라요.

(4) わ : 여성 용어
→ 私も一緒にいくわ。 나도 함께 갈게.
→ 私はこれでいいわ。 나는 이것으로 됐어.

4 접미어

(1) 中 : 그 시간 내도록
→ 南の国は一年中暑いです。 남쪽 나라는 일년 내도록 덥습니다.
→ 昨日は 一日中勉強しました。 어제는 하루종일 공부했습니다.

(2) たち/がた : 복수형
→ あの人たちはみんな学生です。 저 사람들은 모두 학생입니다.
→ あなたがたは今日何をしますか。 당신들은 오늘 무엇을 합니까?

5 부사

■ **あまり~ない : 그다지~없다(하지 않다)**
→ 今日はあまり寒くありません。 오늘은 그다지 춥지 않습니다.
→ あそこの料理はあまりおいしくないです。 저곳의 요리는 그다지 맛이 없습니다.

6 그 외(표현 의도)

(1) 의뢰-1 : 물건을 요구하다

■ **~をください : ~을(를) 주세요**
→ 新しいビールをください。 새로운 맥주를 주세요.
→ コーヒーを二つください。 커피를 두 개 주세요.

(2) 의뢰-2 : 상대에게 행위를 요구하다

■ **~て(で)ください : ~을(를) 해 주세요**
→ 写真を撮ってください。 사진을 찍어주세요.
→ お金を貸してください。 돈을 빌려 주세요.

(3) 의뢰-3 : 상대에게 행위를 하지 않을 것을 요구하다

■ **~ないでください : ~을(를) 하지 말아주세요**
→ ここでは騒がないでください。 여기서는 떠들지 말아주세요.
→ 部屋に入らないでください。 방에 들어가지 말아주세요.

(4) 의뢰-4 : 정중하게 의뢰하다

■ **~を…て(で)くださいませんか : ~을(를)…해 주시지 않겠습니까?**
→ その傘を貸してくださいませんか。 그 우산을 빌려주시지 않겠습니까?
→ レポートを見てくださいませんか。 리포트를 봐주시지 않겠습니까?

(5) 권유-1 : 함께 뭔가 하도록 권유하다

■ **~ましょう : ~합시다**

- ➡ 明日みに行きましょう。 내일 보러 갑시다.
- ➡ みんなに話してみましょう。 모두에게 이야기 해 봅시다.

(6) 권유-2 : 뭔가 하도록 권유하다
■ ～ませんか : ~하지 않겠습니까?
- ➡ 私にも教えてくださいませんか。 저에게도 가르쳐 주시지 않겠습니까?
- ➡ 私のところへ来ませんか。 제가 있는 곳에 오지 않겠습니까?

(7) 희망-1 : 물건에 대한 희망
■ ～がほしい : ~을(를) 원하다
- ➡ 私は新しいカメラがほしいです。 나는 새로운 카메라를 갖고 싶습니다.
- ➡ あなたは何がほしいですか。 당신은 무엇을 갖고 싶습니까?

(8) 희망-2 : 자신의 하는 일에 대한 희망
- ➡ 私は早く家に帰りたいです。 나는 빨리 집에 돌아가고 싶습니다.
- ➡ 私は日本で日本語を勉強したいです。 나는 일본에서 일본어를 공부하고 싶습니다.

(9) 시간관계 : 동시-1
■ ～とき : ~때
- ➡ 学校へ行くとき、いつも公園の前でバスに乗ります。 학교에 갈 때, 항상 공원 앞에서 버스를 탑니다.
- ➡ 先生の家に行ったとき、みんなで歌を歌いました。 선생님 집에 갔을 때, 모두 노래를 불렀습니다.

(10) 시간관계 : 동시-2
■ 동사ます형+ながら : ~하면서
- ➡ 音楽を聞きながら、勉強をします。 음악을 들으면서, 공부를 합니다.
- ➡ 新聞を読みながら、ご飯を食べます。 신문을 읽으면서, 밥을 먹습니다.

(11) 시간관계 : 전후-1
■ ～てから : ~하고 나서
- ➡ ご飯を食べてから、お風呂に入ります。 밥을 먹고 나서, 목욕을 합니다.
- ➡ コーヒーを飲んでから、会社へ行きます。 커피를 마시고 나서, 회사에 갑니다.

(12) 시간관계 : 전후-2
■ ～たあとで : ~하고 나서
- ➡ ご飯を食べたあとで、お風呂に入ります。 밥을 먹고 나서, 목욕을 합니다.
- ➡ コーヒーを飲んだあとで、会社へ行きます。 커피를 마시고 나서, 회사에 갑니다.

(13) 시간관계 : 전후-3
■ ～まえに : ~하기 전에
- ➡ お風呂に入る前に、ご飯を食べます。 목욕하기 전에 밥을 먹습니다.
- ➡ 会社へ行く前に、コーヒーを飲みます。 회사에 가기 전에 커피를 마십니다.

(14) 추량(추측)
■ ～でしょう : ~이겠죠
- ➡ 明日はいい天気でしょう。 내일은 좋은 날씨이겠죠.
- ➡ 約束したからみんな来るでしょう。 약속했

SJPT 기반 다지기

기 때문에 모두 오겠죠.

(15) 동작의 연속

▎~たり~たり : ~하기도 하고 ~하기도 하고
➡ 日曜日は友だちに会ったり勉強したりします。 일요일은 친구를 만나기도 하고 공부하기도 합니다.
➡ 映画を見たり酒を飲んだりしました。 영화를 보기도 하고 술을 마시기도 했습니다.

(16) 변화-1

▎い형용사 어간+くなる : ~게 되다, ~해 지다
➡ １２月になって寒くなった。 12월이 되어 추워졌다.
➡ 子供が大きくなりました。 아이가 컸습니다.

▎な형용사 어간+になる : ~해 지다, ~하게 되다
➡ みんなで掃除したので公園がきれいになりました。 다같이 청소를 했기 때문에 공원이 깨끗해졌습니다.
➡ 先生がきて教室が静かになりました。 선생님이 와서 교실이 조용해졌습니다.

▎명사+になる : ~이(가) 되다
➡ 春になって花が咲いた。 봄이 되어 꽃이 폈다.
➡ 娘は大学生になりました。 딸은 대학생이 되었습니다.

(17) 변화-2

▎い형용사 어간+くする : ~게 하다
➡ 部屋を明るくしました。 방을 밝게 했습니다.
➡ かばんを軽くしました。 가방을 가볍게 했습니다.

▎な형용사 어간+にする : ~하게 하다
➡ 公園をきれいにしました。 공원을 깨끗하게 했습니다.
➡ 教室を静かにしました。 교실을 조용하게 했습니다.

▎명사+にする : ~(으)로 하다
➡ りんごをジャムにしました。 사과를 잼으로 했습니다.(만들었습니다)
➡ 木をつくえにしました。 나무를 책상으로 했습니다.(만들었습니다)

(18) 변화-3 : 사태·상태가 이미 변화된 모습

▎もう+긍정문 : 이미(벌써)~했다
➡ もう１２時になった。 벌써 12시가 되었다.
➡ 昼ご飯はもう食べました。 점심밥은 이미 먹었습니다.

▎もう+부정문 : 이제 ~하지 않다(없다)
➡ もうサッカーはしません。 이제 축구는 안 합니다.
➡ もうお金がありません。 이제 돈이 없습니다.

(19) 변화-4 : 사태·상태가 변화되지 않은 모습

▎まだ+긍정문 : 아직~합니다(있습니다)
➡ 出発まではまだ時間があります。 출발까지는 아직 시간이 있습니다.
➡ 子供はまだご飯を食べています。 아이는 아직 밥을 먹고 있습니다.

▎まだ+부정 : 아직~하지 않습니다
➡ あの人にはまだ会ったことがありません。 저 사람은 아직 만난 적이 없습니다.

➡ 昼ご飯はまだ食べていません。점심은 아직 먹지 않았습니다.

(20) 명칭의 도입

■ ～という… : ~라고 하는…
➡ これは日本のみそというものです。이것은 일본의 된장이라는 것입니다.
➡ あの方が坂本さんという人です。저 분이 사카모토 씨라는 사람입니다.

(21) 이유

■ ～から : ~때문에
➡ 時間がなかったから行きませんでした。시간이 없었기 때문에 가지 않았습니다.
➡ 彼とは会いたくありません。お金を借りたから。그와는 만나고 싶지 않습니다. 돈을 빌렸기 때문에

어휘로 표현익히기-1

1 명사 – あ

1. 秋(あき) : 가을
➡ 秋は風がすずしい。가을은 바람이 선선하다.

2. 朝(あさ) : 아침
➡ 朝１０時に起きます。아침 10시에 일어납니다.

3. 朝(あさ)ご飯(はん) : 아침밥
➡ いつも朝ご飯は食べないで学校へ行きます。항상 아침밥을 먹지 않고 학교에 갑니다.

4. あさって : 모레
➡ あさってまでに宿題を出してください。모레까지 숙제를 제출해 주세요.

5. 足(あし) : 다리, 발
➡ 歩きすぎたので足が痛くなった。너무 많이 걸어서 다리가 아파졌다.

6. あした : 내일
➡ あしたは病院が休みです。내일은 병원이 쉽니다.

7. あそこ : 저곳
➡ あそこは危ないから行かないで。저곳은 위험하니 가지마.

8. 頭(あたま) : 머리

SJPT 기반 다지기

➡ 風邪で頭が痛い。감기로 머리가 아프다.

9. あちら : 저쪽
➡ あちらにトイレがあります。저쪽에 화장실이 있습니다.

10. 後(あと) : 나중, 후
➡ 新聞を読んだ後ご飯を食べました。신문을 읽은 후 밥을 먹었습니다.

11. あなた : 당신
➡ あなたは日本へ行ったことがありますか。당신은 일본에 간 적이 있습니까?

12. 兄(あに) : 자기 쪽 형이나 오빠
➡ 兄は今寝ています。형은 지금 자고 있습니다.

13. 姉(あね) : 자기 쪽 언니나 누나
➡ 姉と一緒に住んでいます。언니와 함께 살고 있습니다.

14. あの : 저~
➡ あのかばんは誰のですか。저 가방은 누구 것입니까?

15. 雨(あめ) : 비
➡ 雨が降って寒くなりました。비가 내려서 추워졌습니다.

16. あれ : 저것
➡ あれは私の鉛筆じゃありません。저것은 나의 연필이 아닙니다.

17. いいえ : 아니오
➡ いいえ、私はそう思いません。아니오, 나는 그렇게 생각하지 않습니다.

18. 家(いえ) : 집
➡ 一人で家にいました。혼자서 집에 있었습니다.

19. いくつ : 몇 개
➡ ここは駅がいくつありますか。여기는 역이 몇 개 있습니까?

20. いくら : 얼마
➡ これは全部いくらですか。이것은 전부 얼마입니까?

21. 池(いけ) : 연못
➡ 池で魚が泳いでいます。연못에서 물고기가 헤엄치고 있습니다.

22. 医者(いしゃ) : 의사
➡ 昨日の医者はやさしかったです。어제의 의사 선생님은 상냥했습니다.

23. いす : 의자
➡ 教室にいすが五つあります。교실에 의자가 다섯 개 있습니다.

24. 一日(いちにち) : 하루
➡ 一日で仕事が終わりました。하루로 일이 끝났습니다.

25. 意味(いみ) : 의미
➡ 意味が分からなくて辞書を見ました。의미를 몰라서 사전을 보았습니다.

26. 妹(いもうと) : 자기 쪽의 여동생
➡ 妹は去年生まれた。여동생은 작년에 태어났다.

27. 妹(いもうと)さん : 남의 여동생
➡ 妹さんは今年おいくつですか。여동생은 올해 몇 살입니까?

28. 入(い)り口(ぐち) : 입구
➡ 図書館の入り口の前に本がたくさんあります。도서관의 입구 앞에 책이 많이 있습니다.

29. 色(いろ) : 색
➡ このシャツの色はあまりですね。이 셔츠의 색은 별로이군요.

30. 上(うえ) : 위
➡ テーブルの上は何もありません。테이블 위에는 아무 것도 없습니다.

31. 後(うし)ろ : 뒤
➡ 彼の後ろに立っている人がお母さんです。그의 뒤에 서 있는 사람이 어머니입니다.

32. 歌(うた) : 노래
➡ 山田さんは歌が大好きだそうです。야마다 씨는 노래를 아주 좋아한다고 합니다.

33. 家(うち) : 집
➡ 私の家は学校から近いです。우리 집은 학교에서 가깝습니다.

34. 海(うみ) : 바다
➡ 今まで海に行ったことがありません。지금까지 바다에 간 적이 없습니다.

35. 上着(うわぎ) : 웃옷
➡ 友だちは黄色い上着を着ている。친구는 노란 색 웃옷을 입고 있다.

36. 絵(え) : 그림
➡ きれいな絵が台所にありました。예쁜 그림이 부엌에 있었습니다.

37. 映画(えいが) : 영화
➡ 日本の映画を見るのが夏休みの宿題でした。일본 영화를 보는 것이 여름 방학의 숙제였습니다.

38. 映画館(えいがかん) : 영화관
➡ 映画館の前におおぜいの人が並んでいます。영화관 앞에 많은 사람이 줄 서 있습니다.

39. 英語(えいご) : 영어
➡ アメリカで生まれて英語が上手です。미국에서 태어나서 영어를 잘 합니다.

40. ええ : 예
➡ ええと先生の質問に生徒は答えました。'예'라고 선생님의 질문에 학생은 대답했습니다.

SJPT 기반 다지기

41. 駅(えき) : 역
➡ この駅は古いです。 이 역은 오래 되었습니다.

42. ~円(えん) : ~엔
➡ これが一万円もしますか。 이것이 만 엔이나 합니까?

43. 鉛筆(えんぴつ) : 연필
➡ 鉛筆は一本しかないです。 연필은 한 자루 밖에 없습니다.

44. おおぜい : 많은 사람
➡ おおぜいの人が道を歩いています。 많은 사람이 길을 걷고 있습니다.

45. お母(かあ)さん : 남의 집 어머니
➡ 友だちのお母さんはめがねをかけています。 친구 어머니는 안경을 쓰고 있습니다.

46. お菓子(かし) : 과자
➡ 子供たちはお菓子を食べながら話しています。 아이들은 과자를 먹으면서 이야기하고 있습니다.

47. お金(かね) : 돈
➡ 外国のお金をたくさん持っています。 외국 돈을 많이 가지고 있습니다.

48. 奥(おく)さん : 남의 집 부인
➡ 彼の奥さんは仕事をしてないです。 그의 부인은 일을 하지 않습니다.

49. お酒(さけ) : 술
➡ 私はお酒は飲めません。 나는 술은 못 마십니다.

50. お皿(さら) : 접시
➡ テーブルの上にお皿が2枚あります。 테이블 위에 접시가 두 장 있습니다.

51. おじ : 자기 쪽 고모부, 이모부, 삼촌
➡ おじは明日来ます。 삼촌은 내일 옵니다.

52. おじいさん : 남의 할아버지
➡ 彼女のおじいさんは大阪に住んでいます。 그녀의 할아버지는 오사카에 살고 있습니다.

53. お茶(ちゃ) : 차
➡ 朝ご飯を食べた後、お茶を飲みました。 아침밥을 먹은 후, 차를 마셨습니다.

54. お手洗(てあら)い : 화장실
➡ お手洗いは右のほうにあります。 화장실은 오른 쪽에 있습니다.

55. お父(とう)さん : 남의 아버지
➡ 友だちのお父さんは会社員です。 친구 아버지는 회사원입니다.

56. 弟(おとうと) : 자기 쪽 남동생
➡ 弟はさ来年学校に入ります。 남동생은 내후년에 학교에 들어갑니다.

57. 弟(おとうと)さん : 남의 남동생
→ 弟さんは何人いますか。 남동생은 몇 명 있습니까?

58. 男(おとこ) : 남자
→ 男は長いシャツを着ていました。 남자는 긴 셔츠를 입고 있었습니다.

59. 男(おとこ)の子(こ) : 남자 아이
→ 男の子が一人で遊んでいました。 남자 아이가 혼자서 놀고 있었습니다.

60. おとといː 그저께
→ おととい飛行機に乗って帰りました。 그저께 비행기를 타고 돌아갔습니다.

61. おととしː 재작년
→ 犬はおととし死にました。 개는 재작년에 죽었습니다.

62. 大人(おとな) : 어른
→ 大人が三人座っています。 어른이 세 명 앉아 있습니다.

63. お腹(なか) : 배
→ お腹が痛くて病院に行きました。 배가 아파서 병원에 갔습니다.

64. 同(おな)じ : 같음
→ みんな同じ仕事をしています。 모두 같은 일을 하고 있습니다.

65. お兄(にい)さん : 남의 형, 오빠
→ お兄さんはせびろを着ています。 형은 정장을 입고 있습니다.

66. お姉(ねえ)さん : 남의 누나, 언니
→ お姉さんは学生ですか。 누나는 학생입니까?

67. おば : 자기 쪽 이모, 고모, 숙모
→ おばはスポーツが好きだそうだ。 숙모는 스포츠를 좋아한다고 한다.

68. おばさん : 남의 이모, 고모, 숙모
→ 彼のおばさんが手紙を出しました。 그의 숙모가 편지를 부쳤습니다.

69. お弁当(べんとう) : 도시락
→ 昼はお弁当を食べました。 점심은 도시락을 먹었습니다.

70. 音楽(おんがく) : 음악
→ 音楽を聞くのが大好きです。 음악을 듣는 것을 매우 좋아합니다.

71. 女(おんな) : 여자
→ 女の先生がハンカチを持っていました。 여자 선생님이 손수건을 들고 있었습니다.

72. 女(おんな)の子(こ) : 여자 아이
→ 女の子は白いスカートをはいています。 여자 아이는 하얀 스커트를 입고 있습니다.

SJPT 기반 다지기

73. ~回(かい) : ~번, ~회
➡ もう一回行きたいです。 한 번 더 가고 싶습니다.

74. ~階(かい·がい) : ~층
➡ 三階まではエレベーターはのぼりません。 3층까지는 엘리베이터는 올라가지 않습니다.

75. 外国(がいこく) : 외국
➡ 外国へ行く飛行機です。 외국에 가는 비행기입니다.

76. 外国人(がいこくじん) : 외국인
➡ 外国人が日本語を習っています。 외국인이 일본어를 배우고 있습니다.

77. 会社(かいしゃ) : 회사
➡ 会社は土曜日は休みです。 회사는 토요일은 쉽니다.

78. 階段(かいだん) : 계단
➡ 食堂に行くため階段を降りました。 식당에 가기 위해 계단을 내려갔습니다.

79. 買(か)い物(もの) : 쇼핑
➡ ひまなら買い物に行きましょうか。 한가하다면 쇼핑갈까요?

80. 顔(かお) : 얼굴
➡ 彼女の話を聞いて顔が赤くなりました。 그녀의 이야기를 듣고 얼굴이 빨개졌습니다.

81. かぎ : 열쇠
➡ かぎがなくて玄関が開かない。 열쇠가 없어서 현관이 열리지 않는다.

82. 学生(がくせい) : 학생
➡ 学生たちはみんな白いくつをはいていた。 학생들은 모두 하얀 구두를 신고 있었다.

83. ~ヶ月(げつ) ~개월
➡ 上手になるまでは二ヶ月ぐらいかかります。 능숙하게 될 때까지는 2개월 정도 걸립니다.

84. かさ : 우산
➡ 雨が降るのにかさがないです。 비가 내리는데 우산이 없습니다.

85. 風(かぜ) : 바람
➡ 風が吹いてきてすずしくなった。 바람이 불어서 선선해졌다.

86. 風邪(かぜ) : 감기
➡ 冬になって風邪を引きました。 겨울이 되어 감기 들었습니다.

87. 家族(かぞく) : 가족
➡ 家族はあさってアメリカから帰ります。 가족은 모레 미국에서 돌아옵니다.

88. 方(かた) : 분
➡ この方が英語の先生です。 이 분이 영어 선생님입니다.

89. **かたかな** : 가타카나
→ 外国語はかたかなで書きます。 외국어는 카타카나로 씁니다.

90. **～月(がつ)** : ~월
→ １２月に日本語のテストがあります。 12월에 일본어 테스트가 있습니다.

91. **学校(がっこう)** : 학교
→ 学校のすぐ前に銀行があります。 학교 바로 앞에 은행이 있습니다.

92. **角(かど)** : 모퉁이
→ 角を曲がるとたばこ屋があります。 모퉁이를 돌면 담뱃가게가 있습니다.

93. **家内(かない)** : 아내
→ 家内は今新聞を読んでいます。 아내는 지금 신문을 읽고 있습니다.

94. **かばん** : 가방
→ かばんの中に鉛筆があります。 가방 안에 연필이 있습니다.

95. **かびん** : 꽃병
→ かびんは友だちからもらったものです。 꽃병은 친구에게 받은 것입니다.

96. **紙(かみ)** : 종이
→ この紙にひらがなを書いてください。 이 종이에 히라가나를 써 주세요.

97. **体(からだ)** : 몸
→ タバコは体に悪いです。 담배는 몸에 나쁩니다.

98. **川(かわ)** : 강
→ この川には大きい橋があります。 이 강에는 큰 다리가 있습니다.

99. **～側(がわ)** : ~측
→ 右側に花が咲いています。 우측에 꽃이 피어 있습니다.

100. **漢字(かんじ)** : 한자
→ 中国の漢字は難しいです。 중국 한자는 어렵습니다.

101. **木(き)** : 나무
→ 春はたくさんの木が咲く。 봄에는 많은 나무가 핀다.

102. **北(きた)** : 북쪽
→ 山を北から登りました。 산을 북쪽에서 올라갔습니다.

103. **きっさてん** : 커피숍
→ きっさてんで母と話しました。 커피숍에서 엄마와 이야기했습니다.

104. **切手(きって)** : 우표
→ 切手がなくてはがきを出せませんでした。 우표가 없어서 엽서를 부치지 못했습니다.

SJPT 기반 다지기

105. 切符(きっぷ) : 표
→ 駅で切符を買いました。역에서 우표를 샀습니다.

106. 昨日(きのう) : 어제
→ 昨日は友だちと買い物をしました。어제는 친구와 쇼핑을 했습니다.

107. 牛肉(ぎゅうにく) : 소고기
→ 牛肉はぶた肉より高いです。소고기는 돼지고기보다 비쌉니다.

108. 牛乳(ぎゅうにゅう) : 우유
→ 毎日牛乳を飲んでいます。매일 우유를 마시고 있습니다.

109. 今日(きょう) : 오늘
→ 今日は歯を磨きませんでした。오늘은 이를 닦지 않았습니다.

110. 教室(きょうしつ) : 교실
→ 教室で授業を受けました。교실에서 수업을 받았습니다.

111. 兄弟(きょうだい) : 형제
→ 何人兄弟ですか。형제는 어떻게 됩니까?

112. 去年(きょねん) : 작년
→ 去年はたいへん暑かったです。작년에는 매우 더웠습니다.

113. 銀行(ぎんこう) : 은행
→ 駅前に小さい銀行ができました。역 앞에 작은 은행이 생겼습니다.

114. 薬(くすり) : 약
→ 風邪を引いて薬を飲みました。감기 들어서 약을 먹었습니다.

115. 果物(くだもの) : 과일
→ 果物は体にいいです。과일은 몸에 좋습니다.

116. 口(くち) : 입
→ この鳥は口が出ています。이 새는 입이 튀어나왔습니다.

117. くつ : 신발
→ くつをはいて部屋に入ってはいけません。신발을 신고 방에 들어와서는 안 됩니다.

118. くつした : 양말
→ 彼はせびろを着て白いくつしたをはいている。그는 정장을 입고 하얀 양말을 신고 있다.

119. 国(くに) : 나라, 고향
→ 夏休みに国へ帰るつもりです。여름방학에 고향에 돌아갈 생각입니다.

120. ～くらい・ぐらい : ~정도
→ 一日ぐらいあれば大丈夫です。하루정도 있으면 문제없습니다.

121. 車(くるま) : 차
→ 車に乗って会社へ行きました。차를 타고 회

사에 갔습니다.

122. 今朝(けさ) : 오늘 아침
➡ 今朝はご飯を会社の食堂で食べました。오늘 아침은 밥을 회사식당에서 먹었습니다.

123. 結婚(けっこん) : 결혼
➡ 姉はまだ結婚していません。언니는 아직 결혼하지 않았습니다.

124. 玄関(げんかん) : 현관
➡ 玄関の前に花が咲いています。현관 앞에 꽃이 피어 있습니다.

125. ~個(こ) ~개
➡ これは千個ぐらい持っています。이것은 천 개 정도 가지고 있습니다.

126. ~語(ご) ~어
➡ 何語で話していますか。무슨 말로 이야기하고 있습니까?

127. 公園(こうえん) : 공원
➡ 公園にはいろいろな木があります。공원에는 여러 가지 나무가 있습니다.

128. 交番(こうばん) : 파출소
➡ 道が分からなくて交番に行きました。길을 몰라서 파출소에 갔습니다.

129. 声(こえ) : 목소리
➡ 後ろで男の声がしました。뒤에서 남자 목소리가 났습니다.

130. ここ : 여기
➡ ここは少し寒いですね。여기는 조금 춥군요.

131. 午後(ごご) : 오후
➡ 午後２時までには持ってきてください。오후 두 시까지는 가지고 와 주세요.

132. 主人(しゅじん) : 자기 남편
➡ 主人は日曜日はいつも１０時まで寝ます。남편은 일요일은 항상 10시까지 잡니다.

133. ご主人(しゅじん) : 남의 남편
➡ ご主人のお仕事は何ですか。남편분의 직업은 무엇입니까?

134. 午前(ごぜん) : 오전
➡ この仕事は午前中に終わると思います。이 일은 오전 중에 끝날 것이라고 생각합니다.

135. こちら : 이쪽
➡ こちらは東京銀行です。이쪽은 도쿄 은행입니다.

136. 今年(ことし) : 올해
➡ 今年から銀行に勤めています。올해부터 은행에서 근무하고 있습니다.

137. 言葉(ことば) : 말
➡ 困って言葉が出てこなかった。난처해서 말이 나오지 않았다.

SJPT 기반 다지기

138. **子供(こども)** : 아이, 어린이
→ 子供はさとうをよく食べました。 아이는 설탕을 잘 먹었습니다.

139. **この～** : 이~
→ このカレンダーは去年のものです。 이 캘린더는 작년 것입니다.

140. **ご飯(はん)** : 밥
→ 晩ご飯はどこで食べますか。 저녁밥은 어디서 먹습니까?

141. **これ** : 이것
→ これが日本の地下鉄です。 이것이 일본의 지하철입니다.

142. **～ころ/～ごろ** : ~경
→ 昨日は何時ごろ寝ましたか。 어제는 몇 시경에 잤습니까?

143. **今月(こんげつ)** : 이번 달
→ 今月、私の誕生日があります。 이번 달에 나의 생일이 있습니다.

144. **今週(こんしゅう)** : 이번 주
→ 今週はお弁当を持って行かなくてもいいです。 이번 주는 도시락을 가져 가지 않아도 됩니다.

145. **こんな** : 이런
→ こんな晴れた天気は初めてです。 이런 맑은 날씨는 처음입니다.

146. **今晩(こんばん)** : 오늘 밤
→ 今晩は野菜料理です。 오늘 밤은 야채 요리입니다.

147. **～歳(さい)** : ~세, ~살
→ 今年３８歳になります。 올해 38살이 됩니다.

148. **魚(さかな)** : 물고기
→ 魚を半分切った。 물고기를 반 잘랐다.

149. **先(さき)** 앞
→ この先に大使館があります。 이 앞에 대사관이 있습니다.

150. **作文(さくぶん)** : 작문
→ 作文の宿題が終わりました。 작문 숙제가 끝났습니다.

151. **～冊(さつ)** ~권
→ 本屋で本を２冊買いました。 서점에서 책을 두 권 샀습니다.

152. **雑誌(ざっし)** : 잡지
→ この雑誌は毎月出ます。 이 잡지는 매월 나옵니다.

153. **さとう** : 설탕
→ コーヒーにさとうを入れないでください。 커피에 설탕을 넣지 말아주세요.

154. **さ来年(らいねん)** : 내후년
→ さ来年、日本へ勉強に行きます。 내후년에

일본에 공부하러 갑니다.

155. 散歩(さんぽ) : 산책
→ 散歩しているとすずしい風が吹いてきました。 산책을 하자 선선한 바람이 불어왔습니다.

156. ~時(じ) : ~시
→ 父は午後7時に帰ります。 아버지는 오후 7시에 돌아옵니다.

157. 塩(しお) : 소금
→ テーブルの上の塩をとってください。 테이블 위의 소금을 집어 주세요.

158. 時間(じかん) : 시간
→ 明日は時間がないです。 내일은 시간이 없습니다.

159. ~時間(じかん) : ~시간
→ 昨日は何時間勉強しましたか。 어제는 몇 시간 공부했습니까?

160. 仕事(しごと) : 일
→ ここの仕事は大変ですね。 여기의 일은 힘들군요.

161. 辞書(じしょ) : 사전
→ 日本語の辞書を持っていますか。 일본어 사전을 가지고 있습니까?

162. 下(した) : 아래
→ 木の下に子供がいます。 나무 아래에 아이가 있습니다.

163. 質問(しつもん) : 질문
→ 生徒が先生に質問しました。 학생이 선생님에게 질문했습니다.

164. 自転車(じてんしゃ) : 자전거
→ 自転車に乗って学校へ行きます。 자전거를 타고 학교에 갑니다.

165. 自動車(じどうしゃ) : 자동차
→ この町は自動車が多いですね。 이 마을은 자동차가 많군요.

166. 字引(じびき) : 사전
→ 字引を持って来てください。 사전을 들고 오세요.

167. 自分(じぶん) : 자신, 나
→ 自分一人で行きました。 내 혼자서 갔습니다.

168. じゃ・じゃあ : 그럼
→ じゃ、明日会いましょうか。 그럼 내일 만날까요?

169. 写真(しゃしん) : 사진
→ みんなで写真を撮りました。 다같이 사진을 찍었습니다.

170. ~週間(しゅうかん) : ~주일
→ テストまで一週間あります。 테스트까지 일주일 있습니다.

SJPT 기반 다지기

171. 授業(じゅぎょう) : 수업
➡ 今は英語の授業をしています。 지금은 영어 수업을 하고 있습니다.

172. 宿題(しゅくだい) : 숙제
➡ 夏休みの宿題はもう終わりました。 여름 방학 숙제는 벌써 끝났습니다.

173. しょうゆ : 간장
➡ そこのしょうゆをとってください。 그곳에 있는 간장을 집어 주세요.

174. 食堂(しょくどう) : 식당
➡ 食堂でご飯を食べました。 식당에서 밥을 먹었습니다.

175. ～人(じん) : ~인
➡ 日本人二人が話しています。 일본인 두 사람이 이야기하고 있습니다.

176. 新聞(しんぶん) : 신문
➡ すみません。新聞はどこにありますか。 실례합니다. 신문은 어디에 있습니까?

177. ～すぎ : 지남, 지나침
➡ お酒の飲みすぎはよくないです。 술을 과음하는 것은 좋지 않습니다.

178. 背(せい・せ) : 키
➡ 妹は背が高いです。 여동생은 키가 큽니다.

179. 生徒(せいと) : 학생
➡ 外国の生徒が一人います。 외국 학생이 한 명 있습니다.

180. せっけん : 비누
➡ 台所にせっけんが置いてあります。 부엌에 비누가 놓여 있습니다.

181. せびろ : 남자 정장
➡ 先生は毎日せびろを着ています。 선생님은 매일 정장을 입고 있습니다.

182. 先月(せんげつ) : 저번 달
➡ 先月おじいさんの家に行ってきました。 저번 달에 할아버지 집에 갔다 왔습니다.

183. 先週(せんしゅう) : 저번 주
➡ 先週まではよく晴れました。 저번 주까지는 아주 맑았습니다.

184. 先生(せんせい) : 선생님
➡ 先生、昼ご飯は食べましたか。 선생님, 점심 밥은 먹었습니까?

185. 洗濯(せんたく) : 빨래, 세탁
➡ お母さんは洗濯をしています。 어머니는 빨래를 하고 있습니다.

186. 掃除(そうじ) : 청소
➡ 教室の掃除は終わりました。 교실 청소는 끝났습니다.

187. そこ : 그곳
→ そこには誰もいません。 그곳에는 아무도 없습니다.

188. そちら : 그쪽
→ そちらで待ってください。 그쪽에서 기다려 주세요.

189. 外(そと) : 밖
→ 外はとても寒いです。 밖은 매우 춥습니다.

190. その~ : 그~
→ その人の名前を忘れました。 그 사람의 이름을 잊었습니다.

191. そば : 옆
→ 窓のそばにつくえがあります。 창문 옆에 책상이 있습니다.

192. 空(そら) : 하늘
→ ここからは空が見えません。 여기서는 하늘이 보이지 않습니다.

193. それ : 그것
→ それは友だちのです。 그것은 친구 것입니다.

194. ~台(だい) : ~대
→ 車2台が走っています。 차 두 대가 달리고 있습니다.

195. 大学(だいがく) : 대학
→ 大学に2年間勤めました。 대학에서 2년 간 근무했습니다.

196. 大使館(たいしかん) : 대사관
→ 日本の大使館はどこにありますか。 일본 대사관은 어디에 있습니까?

197. 台所(だいどころ) : 부엌
→ 姉が台所で料理をしています。 언니가 부엌에서 요리를 하고 있습니다.

198. ~たち : ~들(복수형)
→ 私たちはタクシーに乗って行きました。 우리들은 택시를 타고 갔습니다.

199. 建物(たてもの) : 건물
→ 東京は大きい建物が多いです。 도쿄는 큰 건물이 많습니다.

200. たばこ : 담배
→ お父さんはたばこを買いに行きました。 아버지는 담배를 사러 갔습니다.

201. たまご : 계란
→ 弟はたまごが大好きです。 남동생은 계란을 매우 좋아합니다.

202. 誰(だれ) : 누구
→ 前に座っている方は誰ですか。 앞에 앉아 있는 사람은 누구입니까?

203. 誕生日(たんじょうび) : 생일
→ 今月に私の誕生日があります。 이번 달에 나

SJPT 기반 다지기

의 생일이 있습니다.

204. 近(ちか)く : 근처
→ この近くにレストランはありませんか。이 근처에 레스토랑은 없습니까?

205. 地下鉄(ちかてつ) : 지하철
→ 地下鉄に人がたくさん乗っています。지하철에 사람이 많이 타고 있습니다.

206. 地図(ちず) : 지도
→ 地図を見ながら教えてあげました。지도를 보면서 가르쳐 주었습니다.

207. 父(ちち) : 자기 쪽 아버지
→ 父は今会社にいます。아버지는 지금 회사에 있습니다.

208. 茶色(ちゃいろ) : 갈색
→ 茶色のせびろを着ています。갈색 정장을 입고 있습니다.

209. ちゃわん : 밥그릇
→ テーブルにちゃわんが二つあります。테이블에 밥그릇이 두 개 있습니다.

210. ～中(ちゅう) : ~중
→ 午前中に来てください。오전 중에 와 주세요.

211. つくえ : 책상
→ つくえといすが並んでいます。책상과 의자가 나열되어 있습니다.

212. 手(て) : 손
→ 手が汚いです。손이 더럽습니다.

213. 手紙(てがみ) : 편지
→ 明日まで手紙を出してください。내일까지 편지를 부쳐 주세요.

214. 出口(でぐち) : 출구
→ 駅の出口は右のほうにあります。역의 출구는 오른쪽에 있습니다.

215. 天気(てんき) : 날씨
→ 今日の天気は悪いです。오늘 날씨는 나쁩니다.

216. 電気(でんき) : 전기
→ 暗いから電気をつけてください。어두우니 불을 켜 주세요.

217. 電車(でんしゃ) : 전철
→ 電車はバスより速いです。전철은 버스보다 빠릅니다.

218. 電話(でんわ) : 전화
→ 外国から電話がありました。외국에서 전화가 있었습니다.

219. 戸(と) : 문
→ 寒いから戸を閉めてください。추우니 문을 닫아 주세요.

220. 〜度(ど) : ~도
➡ 今日は１０度です。 오늘은 10도입니다.

221. 動物(どうぶつ) : 동물
➡ 昨日見たのは動物の映画でした。 어제 본 것은 동물 영화였습니다.

222. 時計(とけい) : 시계
➡ この時計は父からもらった物です。 이 시계는 아버지로부터 받은 것입니다.

223. どこ : 어디
➡ 山田さんはどこで待っていますか。 야마다 씨는 어디에서 기다리고 있습니까?

224. 所(ところ) : 장소
➡ 危ない所ですから入らないでください。 위험한 곳이니 들어가지 말아 주세요.

225. 図書館(としょかん) : 도서관
➡ 図書館の前で人がたくさん並んでいます。 도서관 앞에서 사람이 많이 줄 서 있습니다.

226. どちら : 어느 쪽
➡ どちらが彼のかばんですか。 어느 쪽이 그의 가방입니까?

227. どなた : 누구
➡ どなたでもよくできます。 누구라도 잘 할 수 있습니다.

228. となり : 옆, 이웃
➡ となりに外国人が住んでいます。 이웃에 외국인이 살고 있습니다.

229. どの〜 : 어느~
➡ どの方が彼のお父さんですか。 어느 분이 그의 아버지입니까?

230. 友(とも)だち : 친구
➡ 友だちはまだ寝ています。 친구는 아직 자고 있습니다.

231. 鳥(とり) : 새
➡ 鳥が木の上で鳴いています。 새가 나무 위에서 울고 있습니다.

232. とり肉(にく) : 닭고기
➡ とり肉が食べられない人もいます。 닭고기를 못 먹는 사람도 있습니다.

233. どれ : 어느 것
➡ どれでもいいですから好きなものを持ってください。 어느 것이라도 괜찮으니 좋아하는 것을 가져 주세요.

234. どんな : 어떤
➡ 先週会った人はどんな人ですか。 저번 주에 만난 사람은 어떤 사람입니까?

235. 中(なか) : 안
➡ ポケットの中にお金があります。 주머니 안에 돈이 있습니다.

SJPT 기반 다지기

236. 夏(なつ) : 여름
➡ 今年の夏は暑いです。 올해 여름은 덥습니다.

237. 夏休(なつやす)み : 여름방학
➡ 夏休みはもう終わりました。 여름 방학은 이제 끝났습니다.

238. 〜など : ~등
➡ つくえの上にノートや鉛筆などがあります。 책상 위에 노트랑 연필 등이 있습니다.

239. 何(なに・なん) : 무엇
➡ この赤い箱は何ですか。 이 빨간 상자는 무엇입니까?

240. 名前(なまえ) : 이름
➡ 大学の先生のお名前を覚えていますか。 대학 때의 선생님의 성함을 기억하고 있습니까?

241. 肉(にく) : 고기
➡ 肉と野菜を一緒に食べました。 고기와 야채를 함께 먹었습니다.

242. 西(にし) : 서쪽
➡ 月は西からのぼります。 달은 서쪽에서 뜹니다.

243. 〜日(にち) : ~일
➡ 三月二十六日が彼女の誕生日です。 3월 26일이 그녀의 생일입니다.

244. 荷物(にもつ) : 짐
➡ 旅行に行くから荷物が多いです。 여행가기 때문에 짐이 많습니다.

245. 庭(にわ) : 정원, 마당
➡ 庭で犬が遊んでいます。 마당에서 개가 놀고 있습니다.

246. 〜人(にん) : ~명
➡ 三人が車に乗っています。 세 명이 차를 타고 있습니다.

247. 〜年(ねん) : ~년
➡ 彼女は１９７６年に生まれました。 그녀는 1976년에 태어났습니다.

248. 飲物(のみもの) : 음료수
➡ 飲物はジュースにします。 음료수는 주스로 하겠습니다.

249. 歯(は) : 이
➡ 歯が痛くて病院に行きました。 이가 아파서 병원에 갔습니다.

250. はい : 예
➡ はい、分かりました。 예, 알겠습니다.

251. 〜杯(はい) : ~잔
➡ ビールを一杯飲みました。 맥주를 한 잔 마셨습니다.

252. はいざら : 재떨이
➡ はいざらの上にたばこが置いてあった。재떨이 위에 담배가 놓여 있었다.

253. はがき : 엽서
➡ 国の両親にはがきを出しました。고향의 부모님에게 엽서를 부쳤습니다.

254. 箱(はこ) : 상자
➡ 何も入ってない箱だったので軽かったです。아무 것도 들어 있지 않은 상자여서 가벼웠습니다.

255. はし : 다리
➡ 子供がはしの上を走っています。아이가 다리 위를 달리고 있습니다.

256. はし : 젓가락
➡ 日本人ははしでご飯を食べる。일본인은 젓가락으로 밥을 먹는다.

257. 二十歳(はたち) : 20살
➡ 今年二十歳になって嬉しいです。올해 20살이 되어 기쁩니다.

258. 花(はな) : 꽃
➡ 庭にきれいな花が咲いています。정원에 예쁜 꽃이 피어 있습니다.

259. はな : 코
➡ 寒くてはなが赤くなりました。추워서 코가 빨갛게 되었습니다.

260. 話(はなし) : 이야기
➡ 先生の話をよく聞いてください。선생님의 이야기를 잘 들어 주세요.

261. 母(はは) : 자기 쪽 어머니
➡ 母は今日病院に行きます。어머니는 오늘 병원에 갑니다.

262. 春(はる) : 봄
➡ 春になって暖かくなりました。봄이 되어 따뜻해졌습니다.

263. 半(はん) : 반
➡ 8時半から仕事を始めます。8시 반부터 일을 시작합니다.

264. ~番(ばん) : ~번
➡ 五番の入り口から入ってください。5번 입구로 들어가 주세요.

265. 番号(ばんごう) : 번호
➡ 銀行の電話番号は何番ですか。은행의 전화번호는 몇 번입니까?

266. 晩(ばん)ご飯(はん) : 저녁밥
➡ 晩ご飯も食べないで宿題をしています。저녁밥도 먹지 않고 숙제를 하고 있습니다.

267. 半分(はんぶん) : 반
➡ この半分は父が使いました。이 반은 아버지가 사용했습니다.

SJPT 기반 다지기

268. 東(ひがし) : 동쪽
➡ 朝は東から明るくなります。아침에는 동쪽부터 밝아집니다.

269. ~匹(ひき) : ~마리
➡ 猫が二匹鳴いています。고양이가 두 마리 울고 있습니다.

270. 飛行機(ひこうき) : 비행기
➡ 天気が悪くて飛行機は飛んでいません。날씨가 나빠서 비행기는 뜨지 않습니다.

271. 左(ひだり) : 왼쪽
➡ 左に曲がるとレコード屋があります。왼쪽으로 돌면 레코드점이 있습니다.

272. 人(ひと) : 사람
➡ 人の目を見て話してください。사람의 눈을 보고 이야기해 주세요.

273. 一月(ひとつき) : 한달
➡ 夏休みは一月です。여름방학은 한달입니다.

274. 病院(びょういん) : 병원
➡ 父は病院で働いています。아버지는 병원에서 일하고 있습니다.

275. 病気(びょうき) : 병
➡ 雨が降るとき、外で遊んで風邪を引きました。비가 내릴 때 밖에서 놀아서 감기에 걸렸습니다.

276. ひらがな : 히라가나
➡ ひらがなはよく覚えていません。히라가나는 잘 기억하고 있지 않습니다.

277. 昼(ひる) : 낮
➡ 昼は友だちと映画を見ました。낮에는 친구와 영화를 보았습니다.

278. 昼(ひる)ご飯(はん) : 점심밥
➡ 昼ご飯は友だちとラーメンを食べた。점심밥은 친구와 라면을 먹었다.

279. 封筒(ふうとう) : 봉투
➡ 封筒に名前を書きませんでした。봉투에 이름을 쓰지 않았습니다.

280. 服(ふく) : 옷
➡ 新しい服を買ってあげました。새로운 옷을 사 주었습니다.

281. ぶた肉(にく) : 돼지고기
➡ 私はぶた肉は食べられません。나는 돼지고기는 못 먹습니다.

282. 冬(ふゆ) : 겨울
➡ 冬になって寒くなりました。겨울이 되어 추워졌습니다.

283. 風呂(ふろ) : 목욕
➡ 暑くてお風呂に入った。더워서 목욕을 했다.

284. ~分(ふん) : ~분
➡ 駅までは自転車で五分かかります。역까지는 자전거로 5분 걸립니다.

285. 部屋(へや) : 방
➡ 部屋に入って静かにしてください。방에 들어가서 조용히 해 주세요.

286. 辺(へん) : 주변
➡ この辺は誰も住んでいません。이 주변은 아무도 살지 않습니다.

287. 勉強(べんきょう) : 공부
➡ 図書館で2時間勉強しました。도서관에서 두 시간 공부했습니다.

288. ほう : 쪽
➡ 外国人はこちらのほうに来てください。외국인 이쪽으로 와 주세요.

289. 帽子(ぼうし) : 모자
➡ 先生の奥さんは帽子をかぶっている方です。선생님 부인은 모자를 쓴 분입니다.

290. 外(ほか) : 외
➡ 外の人は来てないです。다른 사람은 오지 않았습니다.

291. 本(ほん) : 책
➡ 忘れて本を持って来なかった。깜박하고 책을 가지고 오지 않았다.

292. ~本(ほん) : 가늘고 긴 것을 세는 단위
➡ 鉛筆は二本持っています。연필은 두 자루 들고 있습니다.

293. 本(ほん)だな : 책꽂이
➡ 本だなに辞書があります。책꽂이에 사전이 있습니다.

294. ~枚(まい) : ~장
➡ 切手三枚ください。우표 석 장 주세요.

295. 毎朝(まいあさ) : 매일 아침
➡ 毎朝新聞を読みます。매일 아침 신문을 읽습니다.

296. 毎月(まいつき・まいげつ) : 매월
➡ 日本は毎月行きます。일본은 매월 갑니다.

297. 毎年(まいとし・まいねん) : 매년
➡ 毎年雪が降っています。매년 눈이 내리고 있습니다.

298. 毎晩(まいばん) : 매일밤
➡ 子供は毎晩テレビを見ます。아이는 매일밤 텔레비전을 봅니다.

299. 前(まえ) : 앞
➡ 写真の前の人はサチコさんです。사진의 앞에 있는 사람은 사찌꼬 씨입니다.

300. ~前(まえ) : ~앞
➡ 駅前のデパートで男の人が買い物をしてい

SJPT 기반 다지기

ます。역 앞 백화점에서 남자가 쇼핑을 하고 있습니다.

301. 町(まち) : 마을
➡ この町は静かできれいです。이 마을은 조용하고 깨끗합니다.

302. 窓(まど) : 창문
➡ 暑いから窓を開けてください。더우니 창문을 열어 주세요.

303. 万年筆(まんねんひつ) : 만년필
➡ 万年筆を誕生日にもらいました。만년필을 생일날에 받았습니다.

304. 右(みぎ) : 오른쪽
➡ 右に行くと出口があります。오른쪽으로 가면 출구가 있습니다.

305. 水(みず) : 물
➡ 水を飲まなくてもいいですか。물을 마시지 않아도 됩니까?

306. 店(みせ) : 가게
➡ 店で何を買いましたか。가게에서 무엇을 샀습니까?

307. 道(みち) : 길
➡ 道に木がたくさん並んでいました。길에 나무가 많이 나열되어 있습니다.

308. みなさん : 여러분
➡ みなさん、こちらを見てください。여러분, 이쪽을 봐 주세요.

309. 南(みなみ) : 남쪽
➡ 南のほうは雪がよく降りません。남쪽은 눈이 잘 내리지 않습니다.

310. 耳(みみ) : 귀
➡ 犬の耳が立っていました。개의 귀가 서 있었습니다.

311. みんな : 모두
➡ みんな私の話をよく聞いてください。모두 나의 이야기를 잘 들어 주세요.

312. 向(む)こう : 건너편, 맞은편
➡ 向こうのほうから犬が走ってきた。건너편 쪽에서 개가 달려 왔다.

313. 目(め) : 눈
➡ 目が痛くて休みました。눈이 아파서 쉬었습니다.

314. めがね : 안경
➡ めがねをかけてもよく見えません。안경을 쓰도 잘 보이지 않습니다.

315. もしもし : 여보세요
➡ もしもし。すみませんが、お父さんお願いします。여보세요, 죄송합니다만, 아버지 부탁합니다.

316. 物(もの) : 물건
➡ かばんの中にいろいろな物がありました。
가방 안에 여러 가지 물건이 있었습니다.

317. 門(もん) : 문
➡ うるさいから門を閉めてください。 시끄러우니까 문을 닫아 주세요.

318. 問題(もんだい) : 문제
➡ この問題はやさしいですね。 이 문제는 쉽군요.

319. ～屋(や) : 무엇을 파는 가게
➡ この辺にたばこ屋はありませんか。 이 주변에 담뱃가게는 없습니까?

320. 八百屋(やおや) : 야채가게
➡ 八百屋には果物も売ります。 야채가게에서는 과일도 팝니다.

321. 野菜(やさい) : 야채
➡ 野菜をたくさん食べると体にいいです。 야채를 많이 먹으면 몸에 좋습니다.

322. 休(やす)み : 휴가, 휴일, 방학
➡ この会社は休みが多いです。 이 회사는 휴가가 많습니다.

323. 山(やま) : 산
➡ 冬の山は危ないです。 겨울 산은 위험합니다.

324. 夕方(ゆうがた) : 저녁
➡ 疲れて夕方から寝ました。 피곤해서 저녁부터 잤습니다.

325. 郵便局(ゆうびんきょく) : 우체국
➡ 郵便局で手紙を出します。 우체국에서 편지를 부칩니다.

326. 夕(ゆう)べ : 어젯밤
➡ 夕べうるさくて寝られませんでした。 어젯밤 시끄러워서 잘 수 없었습니다.

327. 雪(ゆき) : 눈
➡ 山にまだ雪がありました。 산에 아직 눈이 있었습니다.

328. 洋服(ようふく) : 옷
➡ 白い洋服を着ている彼女はきれいでした。 하얀 옷을 입은 그녀는 예뻤습니다.

329. 横(よこ) : 옆
➡ 彼の横に友だちが立っています。 그 옆에 친구가 서 있습니다.

330. 夜(よる) : 밤
➡ 夜は空がきれいです。 밤에는 하늘이 예쁩니다.

331. 来月(らいげつ) : 다음 달
➡ 来月から夏休みが始まります。 다음 달부터 여름방학이 시작됩니다.

SJPT 기반 다지기

332. **来週(らいしゅう)** : 다음 주
➡ 来週は学校の授業がありません。 다음 주는 학교 수업이 없습니다.

333. **来年(らいねん)** : 내년
➡ 来年は留学に行くつもりです。 내년에는 유학 갈 생각입니다.

334. **留学生(りゅうがくせい)** : 유학생
➡ この大学には留学生がたくさんいます。 이 대학에는 유학생이 많이 있습니다.

335. **両親(りょうしん)** : 양친
➡ 両親は私の家に住んでいます。 부모님은 우리 집에 살고 있습니다.

336. **料理(りょうり)** : 요리
➡ 母が作った料理はおいしいです。 엄마가 만든 요리는 맛있습니다.

337. **旅行(りょこう)** : 여행
➡ 一人で日本を旅行しました。 혼자서 일본을 여행했습니다.

338. **れい** : 0(숫자)
➡ れいが一番小さいです。 0이 가장 작습니다.

339. **冷蔵庫(れいぞうこ)** : 냉장고
➡ 冷蔵庫の中に飲物と食物があります。 냉장고 안에 음료수와 음식이 있습니다.

340. **練習(れんしゅう)** : 연습
➡ 毎日練習しています。 매일 연습하고 있습니다.

341. **私(わたくし)** : 저
➡ 私はそう思いません。 저는 그렇게 생각하지 않습니다.

342. **私(わたし)** : 나
➡ 私も彼と一緒に行きます。 나도 그와 함께 가겠습니다.

2 동사

■ **会(あ)う** : 만나다
➡ デパートの前で先生に会った。 백화점 앞에서 선생님을 만났다.

■ **開(あ)く** : 열리다
➡ ドアが開いていたが、誰もいなかった。 문이 열려 있었지만, 아무도 없었다.

■ **開(あ)ける** : 열다
➡ 窓を開けて空を見ました。 창문을 열어서 하늘을 보았습니다.

■ **あげる** : 올리다
➡ 手をあげて先生の質問に答えました。 손을 올려서 선생님의 질문에 대답했습니다.

■ **遊(あそ)ぶ** : 놀다
➡ 公園で遊んでいる子が妹です。 공원에서 놀

고 있는 아이가 여동생입니다.

■ **あびる** : 덮어쓰다
➡ 毎朝シャワーをあびます。 매일 아침 샤워를 합니다.

■ **洗(あら)う** : 씻다
➡ 会社から帰ると顔を洗います。 회사에서 돌아오면 얼굴을 씻습니다.

■ **ある** : 있다
➡ つくえの上にボールペンがあります。 책상 위에 볼펜이 있습니다.

■ **歩(ある)く** : 걷다
➡ 公園を一人で歩いた。 공원을 혼자서 걸었다.

■ **言(い)う** : 말하다
➡ そんなことを言う人は誰もいません。 그런 것을 말할 사람은 아무도 없습니다.

■ **行(い·ゆ)く**
➡ みんなと一緒に映画を見に行きました。 모두와 함께 영화보러 갔습니다.

■ **いる** : 있다
➡ 海にたくさんの人がいます。 바다에 많은 사람이 있습니다.

■ **要(い)る** : 필요하다
➡ お金はどのぐらい要りますか。 돈은 어느 정도 필요합니까?

■ **入(い)れる** : 넣다
➡ 本をかばんの中に入れてください。 책을 가방 안에 넣어주세요.

■ **歌(うた)う** : 노래하다
➡ 外国人が日本の歌を歌っている。 외국인이 일본 노래를 부르고 있다.

■ **生(う)まれる** : 태어나다
➡ 私は東京で生まれました。 나는 도쿄에서 태어났습니다.

■ **売(う)る** : 팔다
➡ この店には売ってないです。 이 가게에는 팔고 있지 않습니다.

■ **起(お)きる** : 일어나다
➡ あなたはいつも何時に起きますか。 당신은 항상 몇 시에 일어납니까?

■ **置(お)く** : 두다
➡ 出口の前に置いてはだめです。 출구 앞에 두어서는 안 됩니다.

■ **教(おし)える** : 가르치다
➡ 生徒にギターを教えました。 학생에게 기타를 가르쳤습니다.

■ **押(お)す** : 밀다, 누르다
➡ このドアは押せば開きます。 이 문은 밀면 열립니다.

SJPT 기반 다지기

- **覚(おぼ)える** : 기억하다
  ➡ 彼の名前は覚えていません。 그의 이름은 기억하지 못합니다.

- **泳(およ)ぐ** : 헤엄치다, 수영하다
  ➡ 海で泳ぐのは危ないです。 바다에서 수영하는 것은 위험합니다.

- **降(お)りる** : 내리다
  ➡ 次の駅で降りてください。 다음 역에서 내려 주세요.

- **終(お)わる** : 끝나다
  ➡ 今晩は何時に終わりますか。 오늘 밤은 몇 시에 끝납니까?

- **買(か)う** : 사다
  ➡ 郵便局で切手を買いました。 우체국에서 우표를 샀습니다.

- **返(かえ)す** : 돌려주다
  ➡ 貸したものを返してください。 빌려준 것을 돌려주세요.

- **帰(かえ)る** : 돌아가다, 돌아오다
  ➡ 父はもう帰りました。 아버지는 벌써 돌아왔습니다.

- **かかる** : 걸리다
  ➡ 練習は2時間ぐらいかかりました。 연습은 두 시간 정도 걸렸습니다.

- **書(か)く** : 쓰다
  ➡ 名前と電話番号を書いてください。 이름과 전화번호를 써 주세요.

- **かける** : 걸치다, 끼다
  ➡ めがねをかけて本を読んだ。 안경을 끼고 책을 읽었다.

- **かける** : 걸다
  ➡ 銀行に電話をかけました。 은행에 전화를 걸었습니다.

- **貸(か)す** 빌려주다
  ➡ すみませんが、辞書を貸してください。 미안합니다만, 사전을 빌려 주세요.

- **かぶる** : 쓰다
  ➡ 教室の中では帽子をかぶってはだめです。 교실 안에서는 모자를 쓰면 안 됩니다.

- **借(か)りる** : 빌리다
  ➡ 友だちに一万円借りました。 친구에게 만 엔 빌렸습니다.

- **消(き)える** : 꺼지다, 사라지다
  ➡ 本だなにあった写真が消えてしまった。 책꽂이에 있었던 사진이 사라져 버렸다.

- **聞(き)く** : 듣다
  ➡ 先生に聞いてみても知らなかった。 선생님에게 물어 보아도 몰랐다.

- 切(き)る : 베다, 자르다
→ ぶた肉を切って食べました。 돼지고기를 잘라서 먹었습니다.

- 着(き)る : 상의나 한 벌 짜리를 입다
→ いつもワイシャツを着て仕事をします。 항상 와이셔츠를 입고 일을 합니다.

- くもる : 흐리다
→ 明日の天気はくもります。 내일 날씨는 흐립니다.

- 来(く)る : 오다
→ 山田さん、もう来なくてもいいです。 야마다 씨, 이제 오지 않아도 됩니다.

- 消(け)す : 지우다, 끄다
→ きれいに消してください。 깨끗하게 지워주세요.

- 答(こた)える : 대답하다
→ みんなよく考えて答えてください。 모두 잘 생각해서 대답해 주세요.

- 困(こま)る : 곤란하다
→ 半分しか来なくて困りました。 반밖에 오지 않아서 곤란했습니다.

- 咲(さ)く : 피다
→ 花が咲いているのを見てみんなきれいだと言いました。 꽃이 피어 있는 것을 보고 모두 예쁘다고 말했습니다.

- さす : 우산 등을 쓰다
→ かさをさしている人はだれもいなかった。 우산을 쓰고 있는 사람은 아무도 없었다.

- 死(し)ぬ : 죽다
→ おばは静かに死にました。 숙모는 조용히 죽었습니다.

- 閉(し)まる : 닫히다
→ 窓が閉まっていて暑いです。 창문이 닫혀 있어서 덥습니다.

- 閉(し)める : 닫다
→ 寒いから窓を閉めてください。 추우니 창문을 닫아 주세요.

- しめる : 매다
→ ワイシャツを着てネクタイをしめました。 와이셔츠를 입고 넥타이를 매었습니다.

- 知(し)る : 알다
→ その名前は知りません。 그 이름은 모릅니다.

- 吸(す)う : 피우다
→ たばこを吸うのは体に悪いです。 담배를 피우는 것은 몸에 나쁩니다.

- 住(す)む : 살다
→ 時々外国に住みたいと思います。 때때로 외국에서 살고 싶다고 생각합니다.

SJPT 기반 다지기

- **する** : 하다
  ➡ 子供は今何をしていますか。 아이는 지금 무엇을 하고 있습니까?

- **座(すわ)る** : 앉다
  ➡ いすに座ってはがきを書きました。 의자에 앉아서 엽서를 썼습니다.

- **出(だ)す** : 내다, 부치다
  ➡ 友だちに手紙を出しました。 친구에게 편지를 부쳤습니다.

- **立(た)つ** : 서다
  ➡ みなさん、いすから立ってください。 여러분, 의자에서 일어나 주세요.

- **頼(たの)む** : 부탁하다
  ➡ 妹から宿題を頼まれた。 여동생에게 숙제를 부탁받았다.

- **食(た)べる** : 먹다
  ➡ 果物を食べている方が先生の奥さんです。 과일을 먹고 있는 분이 선생님의 부인입니다.

- **違(ちが)う** : 다르다
  ➡ これとあれは違うものです。 이것과 저것은 다른 것입니다.

- **使(つか)う** : 사용하다
  ➡ トイレを誰が使いましたか。 화장실을 누가 사용했습니까?

- **疲(つか)れる** : 피곤하다
  ➡ とても疲れて早く寝ました。 매우 피곤해서 빨리 잤습니다.

- **着(つ)く** : 도착하다
  ➡ 先生はもう着きました。 선생님은 벌써 도착했습니다.

- **作(つく)る** : 만들다
  ➡ 紙で飛行機を作りました。 종이로 비행기를 만들었습니다.

- **つける** : 켜다
  ➡ 部屋が暗くて電灯をつけました。 방이 어두워서 전등을 켰습니다.

- **勤(つと)める** : 근무하다
  ➡ 二十歳から病院に勤めています。 20살부터 병원에서 근무하고 있습니다.

- **出(で)かける** : 외출하다
  ➡ 友だちに会いに出かけました。 친구를 만나러 나갔습니다.

- **できる** : 할 수 있다
  ➡ 山田さんは英語ができます。 야마다 씨는 영어를 할 수 있습니다.

- **出(で)る** : 나가다, 나오다
  ➡ 朝9時頃家を出ました。 아침 9시 경에 집에서 나왔습니다.

- **飛(と)ぶ** : 날다
  → 鳥が空を飛んでいます。 새가 하늘을 날고 있습니다.

- **止(と)まる** : 서다, 멈추다
  → 車が私の前に止まりました。 차가 내 앞에 섰습니다.

- **取(と)る** : 취하다, 집다
  → テーブルの上のフォークを取ってください。 테이블 위의 포크를 집어 주세요.

- **撮(と)る** : 사진을 찍다
  → 新しい車の前で写真を撮りました。 새 차 앞에서 사진을 찍었습니다.

- **鳴(な)く** : (새나 동물이) 울다
  → 鳥が鳴いているのを撮りました。 새가 울고 있는 것을 찍었습니다.

- **習(なら)う** : 배우다
  → 学校で外国語を習いました。 학교에서 외국어를 배웠습니다.

- **並(なら)ぶ** : 나열되다, 줄서다
  → みんな店の前で並んでいます。 모두 가게 앞에서 줄서 있습니다.

- **並(なら)べる** : 나열하다, 줄세우다
  → 一から十まで並べました。 1부터 10까지 나열했습니다.

- **なる** : 되다
  → 春になって暖かいです。 봄이 되어 따뜻합니다.

- **脱(ぬ)ぐ** : 벗다
  → 暑くて上着を脱ぎました。 더워서 웃옷을 벗었습니다.

- **寝(ね)る** : 자다
  → 疲れて１０時間も寝ました。 피곤해서 10시간이나 잤습니다.

- **登(のぼ)る** : 오르다
  → 高い山を登るのはたいへんです。 높은 산을 오르는 것은 힘듭니다.

- **飲(の)む** : 마시다
  → お酒でも飲みませんか。 술이라도 마시지 않겠습니까?

- **乗(の)る** : 타다
  → 地下鉄に乗って会社へ行きました。 지하철을 타고 회사에 갔습니다.

- **入(はい)る** : 들어가다
  → この中に入ってはいけません。 이 안에 들어가서는 안 됩니다.

- **はく** : 벨트를 기준으로 아랫부분을 입다, 신다
  → 彼女はスカートをはいています。 그녀는 스커트를 입고 있습니다.
  → しろいくつしたをはきました。 하얀 양말을 신었습니다.

SJPT 기반 다지기

- **始(はじ)まる** : 시작되다
  → 授業は9時から始まります。 수업은 9시부터 시작됩니다.

- **走(はし)る** : 달리다
  → ご飯を食べてすぐ走るのはよくないです。 밥을 먹고 바로 달리는 것은 좋지 않습니다.

- **働(はたら)く** : 일하다
  → 働いてもお金がないです。 일을 해도 돈이 없습니다.

- **話(はな)す** : 이야기하다
  → 今誰と話していますか。 지금 누구와 이야기하고 있습니까?

- **はる** : 붙이다
  → 切手をはって手紙を出した。 우표를 붙여서 편지를 부쳤다.

- **晴(は)れる** : 맑다
  → 晴れてみんなで遊びに行きました。 날씨가 맑아서 모두 놀러 갔습니다.

- **引(ひ)く** : 당기다, 끌다
  → 前で強く引いてください。 앞에서 강하게 당겨 주세요.

- **弾(ひ)く** : 악기를 연주하다
  → ギターを弾いている人が弟です。 기타를 치고 있는 사람이 남동생입니다.

- **吹(ふ)く** : 불다
  → 風が強く吹きました。 바람이 강하게 불었습니다.

- **降(ふ)る** : 내리다
  → 窓の外で雪が降っています。 창 밖에서 눈이 내리고 있습니다.

- **曲(ま)がる** : 돌다, 구부러지다
  → 右に曲がると駅があります。 오른쪽으로 돌면 역이 있습니다.

- **待(ま)つ** : 기다리다
  → 1時間も彼女を待ちました。 한 시간이나 그녀를 기다렸습니다.

- **磨(みが)く** : 닦다, 연마하다
  → 毎朝歯を磨きます。 매일 아침 이를 닦습니다.

- **見(み)せる** : 보여주다
  → 昨日買ったかばんを見せてください。 어제 산 가방을 보여 주세요.

- **見(み)る** : 보다
  → 私の顔をよく見てください。 나의 얼굴을 잘 봐 주세요.

- **持(も)つ** : 들다, 가지다
  → 赤いかばんを持っている人が妹です。 빨간 가방을 들고 있는 사람이 여동생입니다.

- 休(やす)む : 쉬다
  → 日曜日は家で休みます。일요일은 집에서 쉽니다.

- やる : 하다
  → 今はどんな仕事をやっていますか。지금은 어떤 일을 하고 있습니까?

- 呼(よ)ぶ : 부르다
  → 誰が私を呼びましたか。누가 저를 불렀습니까?

- 読(よ)む : 읽다
  → 夜遅くまで本を読みました。밤 늦게까지 책을 읽었습니다.

- 分(わ)かる : 알다
  → 先生のお話はよく分かりました。선생님의 말씀은 잘 알겠습니다.

- 忘(わす)れる : 잊다
  → 昨日会った人の名前を忘れました。어제 만난 사람의 이름을 잊었습니다.

- 渡(わた)す : 건네주다
  → 山田さんが私に新聞を渡してくれました。야마다 씨가 나에게 신문을 건네 주었습니다.

- 渡(わた)る : 건너다
  → 橋を渡って少し行きます。다리를 건너서 조금 갑니다.

3 い형용사

- 青(あお)い : 파랗다
  → 弟は青いシャツを着ている。남동생은 파란 셔츠를 입고 있다.

- 赤(あか)い : 빨갛다
  → その話を聞いて顔が赤くなった。그 이야기를 듣고 얼굴이 빨개졌다.

- 明(あか)るい : 밝다
  → 電気をつけて部屋が明るくなった。불을 켜서 방이 밝아졌다.

- 暖(あたた)かい : 따뜻하다
  → とても寒かったので早く暖かくなってほしいです。너무 추워서 빨리 따뜻해지기를 바랍니다.

- 新(あたら)しい : 새롭다
  → 車が古くなって新しいのを買いました。차가 오래되어서 새 것을 샀습니다.

- 暑(あつ)い : 덥다
  → 今日は昨日より暑いです。오늘은 어제보다 덥습니다.

- 熱(あつ)い : 뜨겁다
  → 熱いコーヒーが飲みたいです。뜨거운 커피를 마시고 싶습니다.

SJPT 기반 다지기

■ 厚(あつ)い : 두껍다
➡ 辞書はノートより厚いです。 사전은 노트보다 두껍습니다.

■ 危(あぶ)ない : 위험하다
➡ 危ないですから入らないでください。 위험하니 들어가지 말아 주세요.

■ 甘(あま)い : 달다
➡ さとうはとても甘いです。 설탕은 매우 답니다.

■ いい・よい : 좋다
➡ 友だちといい映画を見ました。 친구와 좋은 영화를 보았습니다.

■ 忙(いそが)しい : 바쁘다
➡ 先生はいつも忙しいです。 선생님은 항상 바쁩니다.

■ 痛(いた)い : 아프다
➡ 本をたくさん読んで目が痛くなりました。 책을 많이 읽어서 눈이 아파졌습니다.

■ うすい : 엷다, 얇다
➡ とてもうすい紙だ。 매우 얇은 종이이다.

■ おいしい : 맛있다
➡ みんなおいしいと言いながら食べました。 모두 맛있다고 말하면서 먹었습니다.

■ 大(おお)きい : 크다
➡ 飛行機はバスより大きいです。 비행기는 버스보다 큽니다.

■ 遅(おそ)い : 늦다
➡ 今日はいつもより遅く起きました。 오늘은 여느 때보다 늦게 일어났습니다.

■ 重(おも)い : 무겁다
➡ このかばんは重くて一人で持てない。 이 가방은 무거워서 혼자서 들 수 없다.

■ おもしろい : 재미있다
➡ 先生の話がおもしろくてみんな笑った。 선생님의 이야기가 재미있어서 모두 웃었다.

■ 辛(から)い : 맵다
➡ 日本のラーメンはそんなに辛くないです。 일본의 라면은 그렇게 맵지 않습니다.

■ 軽(かる)い 가볍다
➡ とても軽い荷物でした。 매우 가벼운 짐이었습니다.

■ かわいい : 귀엽다
➡ 友だちの妹さんはかわいい。 친구의 여동생은 귀엽다.

■ 黄色(きいろ)い : 노랗다
➡ 彼女は黄色いめがねをかけています。 그녀는 노란색 안경을 끼고 있습니다.

- **汚(きたな)い** : 더럽다
  ➡ 部屋が汚くて掃除した。 방이 더러워서 청소했다.

- **暗(くら)い** : 어둡다
  ➡ 暗くて電気をつけました。 어두워서 불을 켰습니다.

- **黒(くろ)い** : 검다
  ➡ 黒い鳥が空を飛んでいました。 검은 새가 하늘을 날고 있었습니다.

- **寒(さむ)い** : 춥다
  ➡ まだ10月なのに寒いです。 아직 10월인데 춥습니다.

- **白(しろ)い** : 하얗다
  ➡ 冬の山は白いです。 겨울 산은 하얗습니다.

- **すずしい** : 선선하다
  ➡ 秋になってすずしくなりました。 가을이 되어 선선해졌습니다.

- **狭(せま)い** : 좁다
  ➡ 私の部屋は姉の部屋より狭いです。 내 방은 언니 방보다 좁습니다.

- **高(たか)い** : 높다
  ➡ 日本は高い山が多いです。 일본은 높은 산이 많습니다.

- **高(たか)い** : 비싸다
  ➡ 値段が高くて買えませんでした。 가격이 비싸서 못 샀습니다.

- **楽(たの)しい** : 즐겁다
  ➡ みんなと一緒にした楽しい旅行でした。 모두와 함께 한 즐거운 여행이었습니다.

- **小(ちい)さい** : 작다
  ➡ そこの小さいかばんが私のです。 그곳의 작은 가방이 제 것입니다.

- **近(ちか)い** : 가깝다
  ➡ 韓国と日本は近いです。 한국과 일본은 가깝습니다.

- **つまらない** : 시시하다
  ➡ 山田さんから話を聞きましたがつまらなかった。 야마다 씨로부터 이야기를 들었습니다만 시시했었다.

- **冷(つめ)たい** : 차다
  ➡ 冬の風は冷たいです。 겨울바람은 차갑습니다.

- **強(つよ)い** : 강하다
  ➡ 彼より強い人はいません。 그보다 강한 사람은 없습니다.

- **遠(とお)い** : 멀다
  ➡ 家から学校までは遠いです。 집에서 학교까지는 멉니다.

SJPT 기반 다지기

- **ない : 없다**
  → 私はお金がないです。 나는 돈이 없습니다.

- **長(なが)い : 길다**
  → 夏は一日が長いです。 여름은 하루가 깁니다.

- **早(はや)い : 시간적으로 빠르다**
  → 今日は朝早く起きました。 오늘은 아침 일찍 일어났습니다.

- **速(はや)い : 스피드가 빠르다**
  → 彼はとても足が速いです。 그는 매우 발이 빠릅니다.

- **低(ひく)い : 낮다**
  → この町は低い山はないです。 이 마을은 낮은 산은 없습니다.

- **広(ひろ)い : 넓다**
  → 日本は広い公園が多いです。 일본은 넓은 공원이 많습니다.

- **太(ふと)い : 굵다**
  → 彼女の足は太いです。 그녀의 다리는 굵습니다.

- **ほしい : 원하다**
  → 誕生日に何がほしいですか。 생일에 무엇을 갖고 싶습니까?

- **細(ほそ)い : 가늘다, 폭이 좁다**
  → この道は細いです。 이 길은 좁습니다.

- **まずい : 맛없다**
  → 駅前のラーメン屋はまずいです。 역 앞의 라면집은 맛없습니다.

- **丸(まる)い : 둥글다**
  → 人の目は丸いです。 사람의 눈은 둥급니다.

- **短(みじか)い : 짧다**
  → とても短いスカートですね。 매우 짧은 스커트이군요.

- **難(むずか)しい : 어렵다**
  → 日本語の漢字は難しいです。 일본어의 한자는 어렵습니다.

- **安(やす)い : 싸다**
  → この店には安い物がたくさんあります。 이 가게에는 싼 것이 많이 있습니다.

- **若(わか)い : 젊다**
  → 先生は父より若い人でした。 선생님은 아버지보다 젊은 사람이었습니다.

- **悪(わる)い : 나쁘다**
  → 悪い本は読まないでください。 나쁜 책은 읽지 말아주세요.

4 な형용사

- **いやだ : 싫다**
  → いやな人がいると、家に帰りたいです。 싫은 사람이 있으면 집에 돌아가고 싶습니다.

- **きらいだ** : 싫다
  ➡ 飛行機に乗るのはとてもきらいだ。 비행기를 타는 것은 매우 싫다.

- **きれいだ** : 예쁘다, 깨끗하다
  ➡ 彼女がはいているスカートはきれいですね。 그녀가 입고 있는 스커트는 예쁘군요.

- **静(しず)かだ** : 조용하다
  ➡ 教室では静かにしなさい。 교실에서는 조용히 하세요.

- **上手(じょうず)だ** : 능숙하다
  ➡ ２年間勉強して英語が上手になりました。 2년 간 공부해서 영어가 능숙해졌습니다.

- **丈夫(じょうぶ)だ** : 튼튼하다, 건강하다
  ➡ 父は８０歳なのにまだ丈夫です。 아버지는 80세인데도 아직 건강합니다.

- **好(す)きだ** : 좋아하다
  ➡ 好きなハンカチを友だちからもらった。 좋아하는 손수건을 친구에게 받았다.

- **大丈夫(だいじょうぶ)だ** : 문제없다
  ➡ 彼がいなくても大丈夫です。 그가 없어도 괜찮습니다.

- **大好(だいす)きだ** : 매우 좋아하다
  ➡ 一人で旅行するのが大好きです。 혼자서 여행하는 것을 매우 좋아합니다.

- **大切(たいせつ)だ** : 중요하다
  ➡ 大切な電話がかかってきた。 중요한 전화가 걸려 왔다.

- **たいへんだ** : 힘들다
  ➡ その仕事はたいへんです。 그 일은 힘듭니다.

- **にぎやかだ** : 번화하다, 떠들썩하다
  ➡ 新宿はにぎやかなところです。 신주쿠는 번화한 곳입니다.

- **ひまだ** : 한가하다
  ➡ ひまな時間には何をしますか。 한가한 시간에는 무엇을 합니까?

- **下手(へた)だ** : 서툴다, 잘 못하다
  ➡ 彼女は英語が下手です。 그녀는 영어를 잘 못합니다.

- **便利(べんり)だ** : 편리하다
  ➡ 車があれば便利ですね。 차가 있으면 편리하군요.

- **有名(ゆうめい)だ** : 유명하다
  ➡ 彼は有名な人ですがやさしいです。 그는 유명한 사람이지만 상냥합니다.

- **りっぱだ** : 훌륭하다
  ➡ この国にはりっぱな人が多いです。 이 나라에는 훌륭한 사람이 많습니다.

SJPT 기반 다지기

5 부사

■ あまり : 그다지, 별로
➡ 日本のお菓子はあまりおいしくなかったです。 일본의 과자는 그다지 맛이 없었습니다.

■ いちばん : 가장
➡ 今日がいちばん寒いです。 오늘이 가장 춥습니다.

■ いつ : 언제
➡ いつ映画館に行きましたか。 언제 영화관에 갔습니까?

■ 一緒(いっしょ) : 함께
➡ 姉と一緒に歌を歌いました。 언니와 함께 노래를 불렀습니다.

■ いつも : 항상
➡ 私はいつも朝7時に起きます。 나는 항상 아침 7시에 일어납니다.

■ 今(いま) : 지금
➡ 今は大丈夫です。 지금은 괜찮습니다.

■ いろいろ : 여러 가지
➡ 先生がいろいろな本を見せてくださいました。 선생님이 여러 가지 책을 보여 주셨습니다.

■ けっこう : 상당히, 매우
➡ テストはけっこう難しかった。 시험은 상당히 어려웠다.

■ しかし : 그러나
➡ 昨日のテストはやさしかった。しかし、今日のは難しかった。 어제 시험은 쉬웠다. 그러나 오늘 시험은 어려웠다.

■ すぐ(に) : 바로, 즉시
➡ 先生が呼んでいますからすぐ来てください。 선생님이 부르니 바로 오십시오.

■ 少(すこ)し : 조금
➡ 時間が少しありますが。 시간이 조금 있습니다만.

■ 全部(ぜんぶ) : 전부
➡ 全部で五千円です。 전부 5천 엔입니다.

■ そう : 그렇게
➡ はい、そうです。私もそう思います。 예, 그렇습니다. 나도 그렇게 생각합니다.

■ そして : 그리고
➡ 鉛筆を持ってきてください。そして9時まで来てください。 연필을 들고 오세요. 그리고 9시까지 오세요.

■ それから : 그리고 나서
➡ 3時に授業が終わります。それからテストがあります。 3시에 수업이 끝납니다. 그리고 나서 시험이 있습니다.

■ それでは : 그럼
➡ それでは、先生のお話を聞いてみましょう。 그럼, 선생님의 말씀을 들어 보겠습니다.

- **たいてい : 대체로**
  ➡ たいてい7時間ぐらい寝ます。 대체로 7시간 정도 잡니다.

- **たいへん : 매우**
  ➡ 今日はたいへん寒いですね。 오늘은 매우 춥군요.

- **たくさん : 많이**
  ➡ 雨がたくさん降りました。 비가 많이 내렸습니다.

- **たぶん : 아마**
  ➡ たぶん出口は右のほうにあると思います。 아마 출구는 오른쪽에 있을 거라고 생각합니다.

- **だんだん : 점점**
  ➡ 春になってだんだん暖かくなりました。 봄이 되어 점점 따뜻해졌습니다.

- **ちょうど : 마침, 정각**
  ➡ 晩ご飯を食べるとき、ちょうど友だちが来た。 저녁밥을 먹을 때, 마침 친구가 왔다.

- **ちょっと : 잠시, 조금**
  ➡ ちょっとそこで待ってください。 잠시 그곳에서 기다려 주세요.

- **次(つぎ) : 다음**
  ➡ 次の方は入ってください。 다음 분은 들어 와 주세요.

- **でも : 하지만**
  ➡ 彼は日本語ができる。でも、英語はできない。 그는 일본어를 할 수 있다. 하지만 영어는 못한다.

- **どう : 어떻게**
  ➡ 私がどうすればいいですか。 내가 어떻게 하면 좋습니까?

- **どうして : 왜**
  ➡ 昨日はどうして来なかったんですか。 어제는 왜 안 왔습니까?

- **どうぞ : 부디 (영어의 please)**
  ➡ どうぞ、よろしくお願いします。 잘 부탁합니다.

- **どうも : 매우, 대단히**
  ➡ どうもありがとうございます。 대단히 감사합니다.

- **時々(ときどき) : 때때로**
  ➡ 日曜日は時々図書館に行きます。 일요일은 때때로 도서관에 갑니다.

- **とても : 매우**
  ➡ 今日はとても寒いですね。 오늘은 매우 춥군요.

- **初(はじ)め=初(はじ)めに : 순서상으로 제일 먼저**
  ➡ 初めに私からやります。 제일 먼저 저부터 하겠습니다.

SJPT 기반 다지기

- **初めて** : 경험상의 처음
  → 生まれて初めてお酒を飲みました。 태어나서 처음으로 술을 마셨습니다.

- **本当(ほんとう)に** : 정말로
  → 母の料理は本当においしいです。 엄마가 만든 요리는 정말로 맛있습니다.

- **また** : 또
  → また雨が降っていますか。 또 비가 내리고 있습니까?

- **まだ** : 아직
  → 友だちはまだ来てないです。 친구는 아직 오지 않았습니다.

- **まっすぐ** : 똑바로
  → ここをまっすぐ行くと銀行があります。 여기서 똑바로 가면 은행이 있습니다.

- **もう** : 이미, 벌써
  → 生徒たちはみんなもう帰りました。 학생들은 모두 벌써 돌아갔습니다.

- **もう** : 더
  → もう一度話してください。 한 번 더 말해 주세요.

- **もちろん** : 물론
  → もちろん私も行くつもりです。 물론 나도 갈 생각입니다.

- **もっと** : 더욱
  → テストのため、もっと勉強しました。 시험을 위해서 더욱 공부했습니다.

- **ゆっくり(と)** : 천천히
  → ゆっくり歩いてください。 천천히 걸어주세요.

- **よく** : 자주
  → 日本にはよく行きます。 일본에는 자주 갑니다.

- **よく** : 잘
  → 彼女は日本語がよくできます。 그녀는 일본어를 잘 합니다.

어휘로 표현익히기-2

(あ)

1. あいさつ : 인사
➡ 坂本さんは人によくあいさつする。사카모토 씨는 다른 사람에게 인사를 잘 한다.

2. 間(あいだ) : 사이, 동안
➡ 私が日本にいる間、戦争が起きた。내가 일본에 있는 동안, 전쟁이 일어났다.

3. 合(あ)う : 맞다
➡ これは私の口に合わない。이것은 내 입에 맞지 않다.

4. 赤(あか)ちゃん : 아기
➡ ベッドの上で赤ちゃんが寝ている。침대 위에서 아기가 자고 있다.

5. 上(あ)がる : 올리다
➡ 去年より物価が上がりました。작년보다 물가가 올랐습니다.

6. 赤(あか)ん坊(ぼう) = 赤(あか)ちゃん

7. 空(あ)く : 비다
➡ 席が空いていたから座りました。자리가 비어 있어서 앉았습니다.

8. あげる : 드리다
➡ 入社試験の合格のお祝いをあげた。입사 시험의 합격축하 선물을 드렸다.

9. 朝寝坊(あさねぼう) : 늦잠꾸러기
➡ 朝寝坊の坂本さんはいつも遅刻する。늦잠꾸러기인 사카모토 씨는 언제나 지각한다.

10. 味(あじ) : 맛
➡ 昨日食べた料理の味はあまりよくなかった。어제 먹은 요리의 맛은 그다지 좋지 않았다.

11. 明日(あす) : 내일
➡ 明日の天気予報をお伝えします。내일 일기예보를 전해드리겠습니다.

12. 遊(あそ)び : 놀이
➡ 国によって子供の遊びは違う。나라에 따라 아이의 놀이는 다르다.

13. 集(あつ)まる : 모이다(자동사)
➡ みんな集まって遊びに行こう。모두 모여 놀러 가자.

14. 集(あつ)める : 모으다(타동사)
➡ その歌手は若者から人気を集めている。그 가수는 젊은 사람으로부터 인기를 모으고 있다.

15. 謝(あやま)る : 사과하다
➡ あなたが悪いから謝ってください。당신이 나쁘니 사과하세요.

16. 安心(あんしん) : 안심
➡ 子供の成績がよかったので安心した。자식의 성적이 좋아서 안심했다.

SJPT 기반 다지기

17. **安全(あんぜん)** : 안전
   ➡ 交通安全をよく守らないと事故にあいます。 교통안전을 잘 지키지 않으면 사고를 당합니다.

18. **あんな** : 저런
   ➡ あんな悪い人とは絶対話さないつもりだ。 저런 나쁜 사람과는 절대 말하지 않을 것이다.

19. **案内(あんない)** : 안내
   ➡ そこまでは私が案内します。 거기까지는 제가 안내하겠습니다.

(い)

20. **以下(いか)** : 이하
   ➡ 二十歳以下の人は右に並んでください。 20세 이하의 사람은 오른쪽으로 줄 서세요.

21. **以外(いがい)** : 이외
   ➡ 担当者以外の者は出てください。 담당자 이외의 사람은 나가 주세요.

22. **いかが** : どう의 정중체
   ➡ 先生、明日のご都合はいかがですか。 선생님, 내일은 시간이 어떻습니까?

23. **医学(いがく)**
   ➡ 私は大学の医学部に入るつもりです。 나는 대학의 의학부에 들어갈 생각입니다.

24. **生(い)きる** : 살다, 영위하다
   ➡ 彼がいなければ私は生きていけない。 그가 없으면 나는 살아 갈 수 없다.

25. **いくら~ても** : 아무리~라도
   ➡ いくら先生でも分からない漢字がある。 아무리 선생님이라도 모르는 한자가 있다.

26. **意見(いけん)** : 의견
   ➡ 部長としてご意見をお話しください。 부장으로서 의견을 이야기해 주세요.

27. **石(いし)** : 돌
   ➡ この海には石が多いですね。 이 바다에는 돌이 많군요.

28. **いじめる** : 괴롭히다
   ➡ 動物をいじめるのはよくない。 동물을 괴롭히는 것은 좋지 않다.

29. **以上(いじょう)** : 이상
   ➡ もうこれ以上は無理です。 이제 이 이상은 무리입니다.

30. **急(いそ)ぐ** : 서두르다
   ➡ 時間がないので急がないとだめです。 시간이 없기 때문에 서두르지 않으면 안됩니다.

31. **致(いた)す** : する(하다)의 겸양어
   ➡ どうぞ、よろしくお願い致します。 잘 부탁합니다.

32. **いただく** : もらう(받다)의 겸양어
   ➡ これは先週先生からいただいたものです。 이것은 저번 주에 선생님으로부터 받은 것입니다.

33. 一度(いちど) : 한 번
→ もう一度説明してください。 한 번 더 설명해 주세요.

34. 一生懸命(いっしょうけんめい) : 열심히
→ 彼は会社で一生懸命仕事をしたが首になった。 그는 회사에서 열심히 일을 했지만 해고되었다.

35. いっぱい : 가득, 한잔
→ 昨日のパーティーでお腹いっぱい食べた。 어제 파티에서 배부르게 먹었다.

36. 糸(いと) : 실
→ もうちょっと細い糸はありませんか。 좀 더 가는 실은 없습니까?

37. 以内(いない) : 이내
→ ９０点以内の人は手をあげてください。 90점 이내의 사람은 손을 들어 주세요.

38. 田舎(いなか) : 시골, 고향
→ 毎年２回は田舎に帰ります。 매년 2번은 고향에 갑니다.

39. 祈(いの)る : 기도하다, 기원하다
→ 合格をお祈り致します。 합격을 기원하겠습니다.

40. いらっしゃる : 行(い)く・来(く)る의 존경어
→ 午前１１時までいらっしゃってください。 오전 11시까지 와 주세요.

41. 員(いん) : 원
→ 駅員さんに聞いてください。 역무원에게 물어 주세요.

(う)

42. 植(う)える : 심다
→ 道路の両側に木が植えてある。 도로 양쪽에 나무가 심겨져 있다.

43. 伺(うかが)う : 聞(き)く(묻다), 訪(たず)ねる(방문하다)의 겸양어
→ 明日、先生のお宅に伺ってもいいですか。 내일 선생님 댁을 방문해도 괜찮습니까?
→ 先生、ちょっと伺いたいことがありますが。 선생님, 좀 여쭙고 싶은 것이 있습니다만.

44. 受付(うけつけ) : 접수(처)
→ 受付は１階の玄関の前にあります。 접수처는 1층의 현관 앞에 있습니다.

45. 受(う)ける : (시험을)치다, 받다
→ 運転試験を受けましたが、落ちました。 운전 시험을 쳤습니다만, 떨어졌습니다.

46. 動(うご)く : 움직이다
→ 写真を撮りますから動かないでください。 사진을 찍으니 움직이지 말아 주세요.

47. うそ : 거짓말
→ 彼の話はうそばかりだ。 그의 이야기는 거짓말 뿐이다.

SJPT 기반 다지기

48. うち : 중
→ この二つのうちから好きなものを選んでください。 이 두 개 중에서 좋아하는 것을 선택하세요.

49. 打(う)つ : 치다
→ ワープロを打っている人はだれですか。 워드프로세스를 치고 있는 사람은 누구입니까?

50. 美(うつく)しい : 아름답다
→ 美しい景色を眺めた。 아름다운 경치를 바라보았다.

51. 写(うつ)す : 베끼다, 사진으로 찍다, 그리다
→ 景色をノートに写した。 경치를 노트에 담았다.

52. 移(うつ)る : 옮기다
→ 場所を移って飲みましょう。 장소를 옮겨서 마십시다.

53. 腕(うで) : 팔, 솜씨
→ 坂本さんの腕はなかなかのものだ。 사카모토 씨의 솜씨는 대단한 것이다.

54. うまい : 맛있다, 잘한다
→ 彼の歌はとてもうまい。 그는 노래를 상당히 잘한다.

55. 裏(うら) : 뒤
→ 教室の裏のほうにトイレがあります。 교실 뒤쪽에 화장실이 있습니다.

56. 売(う)り場(ば) : 매장
→ 家具売り場は2階にあります。 가구 매장은 2층에 있습니다.

57. うるさい : 시끄럽다
→ うちのとなりにカラオケができてうるさい。 우리 집 옆에 노래방이 생겨서 시끄럽다.

58. 運転手(うんてんしゅ) : 운전사
→ 昨日乗ったタクシーの運転手はとても親切だった。 어제 탄 택시의 운전사는 매우 친절했었다.

59. 運転(うんてん) : 운전
→ 日本は６０歳になっても運転する人が多い。 일본은 60세가 되어도 운전하는 사람이 많다.

60. 運動(うんどう) : 운동
→ 毎日運動したほうが体にいい。 매일 운동하는 편이 몸에 좋다.

(え)

61. 枝(えだ) : 가지
→ 木の枝が折れている。 나무 가지가 부러져 있다.

62. 選(えら)ぶ : 선택하다
→ その中で好きなものを選んで下さい。 그 중에서 좋아하는 것을 골라 주세요.

63. 遠慮(えんりょ) : 사양
→ 遠慮なくお召し上がりください。 사양하지

마시고 드세요.

(お)

64. おいでになる : 行(い)く·来(く)る의 존경어
→ 先生はもうおいでになりました。 선생님은 이미 오셨습니다.

65. お祝(いわ)い : 축하(선물)
→ この指輪は結婚のお祝いでもらったんです。 이 반지는 결혼 축하 선물로 받은 것입니다.

66. 応接間(おうせつま) : 응접실
→ 私の家は応接間が狭いです。 우리 집은 응접실이 좁습니다.

67. 多(おお)い : 많다
→ 人が多いところはいやです。 사람이 많은 곳은 싫습니다.

68. 大(おお)きな : 큰
→ 大きな工場を持っています。 큰 공장을 갖고 있습니다.

69. おかげ : 덕분
→ 試験に合格したのは先生のおかげです。 시험에 합격한 것은 선생님 덕분입니다.

70. おかしい : 이상하다, 우습다
→ その話はとてもおもしろいですね。 그 이야기는 매우 재미있군요.

71. ～おき : ~걸러
→ 電車は２０分おきに来ます。 전철은 20분 걸러 옵니다.

72. 億(おく) : 억
→ 彼の財産は２０億円だそうだ。 그의 재산은 20억 엔이라고 한다.

73. 屋上(おくじょう) : 옥상
→ 屋上で見た星はとてもきれいですね。 옥상에서 본 별은 매우 예쁘군요.

74. 贈(おく)り物(もの) : 선물
→ これは父の誕生日の贈り物です。 이것은 아버지 생일 선물입니다.

75. 送(おく)る : 보내다
→ 手紙は昨日送りました。 편지는 어제 보냈습니다.

76. 遅(おく)れる : 늦다
→ 朝遅く起きたので遅れました。 아침에 늦게 일어나서 늦었습니다.

77. お子(こ)さん : 남의 집 자식을 일컫는 말
→ お宅のお子さんはおいくつですか。 댁의 자제분은 몇 살 입니까?

78. 起(お)こす : 일으키다
→ 問題を起こさないでください。 문제를 일으키지 말아 주세요.

SJPT 기반 다지기

79. 行(おこな)う : 행하다
➡ これから会議を行います。 지금부터 회의를 행하겠습니다.

80. 怒(おこ)る : 화내다
➡ 毎日遅く帰ったから父に怒られました。 매일 늦게 들어가서 아버지에게 혼났습니다.

81. 押(お)し入(い)れ : 가재, 침구를 넣어두는 벽장
➡ 坂本さんの家には押し入れがなかったんです。 사카모토 씨 집에는 벽장이 없었습니다.

82. お嬢(じょう)さん : 남의 집 딸을 일컫는 말
➡ とてもきれいなお嬢さんですね。 아주 예쁜 아가씨이군요.

83. お宅(たく) : 댁
➡ 会社からお宅までどのくらいかかりますか。 회사에서 댁까지 어느 정도 걸립니까?

84. 落(お)ちる : 떨어지다
➡ 山の上から石が落ちてきました。 산 위에서 돌이 떨어졌습니다.

85. おっしゃる : 言(い)う의 존경어
➡ 先生のおっしゃることはよく分かります。 선생님이 하시는 말씀은 잘 알겠습니다.

86. 音(おと) : 소리
➡ 窓の外から雨の音が聞こえます。 창 밖에서 비 소리가 들립니다.

87. 落(お)とす : 떨어뜨리다, 잃어버리다
➡ バスの中で財布を落としました。 버스 안에서 지갑을 잃어버렸습니다.

88. 踊(おど)り : 춤
➡ それは昔の踊りですよ。 그것은 옛날 춤입니다.

89. 踊(おど)る : 춤추다
➡ 昨日踊りすぎて足が痛い。 어제 너무 과하게 춤을 춰서 다리가 아프다.

90. 驚(おどろ)く : 놀라다
➡ 死んだと思った友だちに会って驚きました。 죽었다고 생각한 친구를 만나 놀랐습니다.

91. お祭(まつ)り : 축제
➡ 大阪のお祭りは5月から始まる。 오사까의 축제는 5월부터 시작된다.

92. お見舞(みま)い : 병 문안
➡ 昨日はおじいさんのお見舞いで時間がなかったんです。 어제는 할아버지의 병 문안으로 시간이 없었습니다.

93. お土産(みやげ) : 선물
➡ 日本へ出張に行って、買ってきたお土産です。 일본에 출장 가서, 사온 선물입니다.

94. 思(おも)い出(だ)す : 생각해 내다, 상기하다
➡ この写真を見たら、子供の頃が思い出される。 이 사진을 보니, 어릴 때가 생각난다.

95. 思(おも)う : 생각하다
➡ これが正しいと思いますが。 이것이 바르다고 생각합니다만.

96. おもちゃ : 장난감
➡ うちの子供はとてもおもちゃがすきです。 우리 집 아이는 매우 장난감을 좋아합니다.

97. 表(おもて) : 앞
➡ ドアの表に花が咲いています。 문 앞에 꽃이 피어 있습니다.

98. 下(お)りる : 내리다
➡ 駅の前に下りると、右の方にあります。 역 앞에 내리면, 오른 쪽에 있습니다.

99. おる : いる의 겸양어
➡ 坂本は今おりません。 사카모토는 지금 없습니다.

100. お礼(れい) : 사례, 답례. 인사
➡ お礼もできなくてどうもすみません。 인사도 못 드리고 대단히 죄송합니다.

101. 折(お)れる : 접히다, 구부러지다
➡ 木の枝が折れてしまった。 나무 가지가 부러져 버렸다.

102. 終(お)わり : 끝
➡ 始まりが悪い人は終わりも悪い。 시작이 안 좋은 사람은 끝도 안 좋다.

(か)

103. 海岸(かいがん) : 해안
➡ 横浜の海岸はとても景色がいい。 요코하마의 해안은 매우 경치가 좋다.

104. 会議(かいぎ) : 회의
➡ 会議は午前１０時から行います。 회의는 오전 10시부터 행하겠습니다.

105. 会場(かいじょう) : 회장
➡ 会場はこのビルの５階でございます。 회장은 이 건물 5층입니다.

106. 会話(かいわ) : 회화
➡ 英語で簡単な会話は出来ます。 영어로 간단한 회화는 가능합니다.

107. 帰(かえ)り : 귀가(길)
➡ 帰りにラーメンを買ってきてください。 귀가 길에 라면을 사 오세요.

108. 変(か)える : 바꾸다
➡ これは壊れているから変えてください。 이것은 부서져 있으니 바꿔 주세요.

109. 科学(かがく) : 과학
➡ １０年前に比べると科学はすごく発展した。 10년 전과 비교하면 과학은 엄청나게 발전했다.

110. 鏡(かがみ) : 거울
➡ 鏡に映った彼の顔は怖かった。 거울에 비친 그의 얼굴은 무서웠다.

SJPT 기반 다지기

111. 学部(がくぶ) : 학부
➡ 親は医学部に入ることを願っている。부모는 의학부에 들어 갈 것을 바라고 있다.

112. 掛(か)ける : 걸다
➡ 壁に絵を掛けた。벽에 그림을 걸었다.

113. かける : 앉다, 끼치다
➡ 坂本さんは椅子にかけている。사카모토 씨는 의자에 앉아 있다.
➡ あの子はいつも親に心配をかける。저 애는 항상 부모에게 걱정을 끼친다.

114. 飾(かざ)る : 장식하다
➡ 先生の家は花で飾られている。선생님 집은 꽃으로 장식되어 있다.

115. 火事(かじ) : 화재
➡ 家が火事で全部焼けてしまった。집이 화재로 전부 타 버렸다.

116. 동사 ます형+方(かた) : ~하는 방법
➡ この漢字の読み方が分からない。이 한자의 읽는 방법을 모르겠다.

117. 形(かたち) : 형태, 모양
➡ このかばんは形がどうもおかしい。이 가방은 모양이 아무래도 이상하다.

118. 片付(かたづ)ける : 정리하다
➡ 自分の部屋ぐらいは自分で片付けなさい。자신의 방 정도는 스스로 정리해!

119. 勝(か)つ : 이기다
➡ あのチームには去年も勝った。저 팀에게는 작년에도 이겼다.

120. かっこう : 모습, 차림새, 생김새
➡ そんなかっこうでどこへ行くの？ 그런 모습으로 어딜 가니?

121. 悲(かな)しい : 슬프다
➡ あんなに悲しい映画ははじめてだ。저렇게 슬픈 영화는 처음이다.

122. 必(かなら)ず : 반드시
➡ 私も必ず行きますから、どうぞよろしく。저도 반드시 갈 테니 잘 부탁합니다.

123. 金持(かねも)ち : 부자
➡ 坂本さんは金持ちですが、お金を全然使わない。사카모토 씨는 부자이지만, 돈을 전혀 안 쓴다.

124. 彼女(かのじょ) : 그녀
➡ 彼女のお父さんはとても厳しい。그녀의 아버지는 매우 엄하다.

125. 壁(かべ) : 벽
➡ 教室は白い壁だ。교실은 하얀 벽이다.

126. かまう : 상관하다
➡ ここでタバコを吸ってもかまいません。여기서 담배를 피워도 상관없습니다.

127. 髪(かみ) : 머리카락
➡ 日本人の髪の毛はだいたい黒だ。 일본인의 머리카락은 대체로 검다.

128. かむ : 물다
➡ 犬にかまれてすごく痛い。 개에게 물려 많이 아프다.

129. 通(かよ)う : 다니다
➡ 午後からは水泳教室に通っています。 오후부터는 수영교실을 다니고 있습니다.

130. 彼(かれ) : 그
➡ 彼が日本語の先生ですか。 그가 일본어 선생님입니까?

131. 彼ら : 그들
➡ 彼らは高校から友だちだそうだ。 그들은 고교 때부터 친구라고 한다.

132. 乾(かわ)く : 마르다
➡ 今日のような天気は洗濯物がよく乾く。 오늘 같은 날씨는 빨래가 잘 마른다.

133. 代(か)わりに : 대신에
➡ 父の代わりに私が来ました。 아버지 대신에 제가 왔습니다.

134. 変(か)わる : 바뀌다
➡ 人の心はよく変わるものだ。 사람의 마음은 자주 바뀌는 법이다.

135. 考(かんが)える : 생각하다
➡ 来週行くかどうか考えています。 다음 주에 갈지 말지 생각하고 있습니다.

136. 関係(かんけい) : 관계
➡ 最近、日本と韓国の関係がよくなったらしい。 최근 일본과 한국의 관계가 좋아진 것 같다.

137. 看護婦(かんごふ) : 간호사
➡ うちの子供は将来、看護婦になりたがっている。 우리 집 아이는 장래, 간호사가 되고 싶어 하고 있다.

138. 簡単(かんたん) : 간단
➡ こんな簡単な問題も分からないのか。 이런 간단한 문제도 모르느냐?

139. がんばる : 분발하다
➡ もう少しがんばったら勝ったかもしれない。 조금 더 분발했으면 이겼을 지도 모른다.

(き)

140. 気(き) : 마음
➡ 外に誰かいるような気がした。 밖에 누가 있는 듯한 느낌이 들었다.

141. 機械(きかい) : 기계
➡ そこにある機械は韓国から持ってきたものです。 거기에 있는 기계는 한국에서 가져 온 것입니다.

SJPT 기반 다지기

142. **機会(きかい)** : 기회
➡ こんな機会は二度と来ないと思う。 이런 기회는 두 번 다시 오지 않는다고 생각한다.

143. **危険(きけん)** : 위험
➡ 子供を危険なところにおいてはいけない。 아이를 위험한 곳에 두어서는 안 된다.

144. **聞(き)こえる** : 들리다
➡ 遠くから海の音が聞こえる。 멀리서 바다소리가 들려온다.

145. **汽車(きしゃ)** : 기차
➡ 走る汽車からみる景色もすばらしい。 달리는 기차에서 보는 경치도 훌륭하다.

146. **技術(ぎじゅつ)** : 기술
➡ この技術はアメリカで習ってきたものです。 이 기술은 미국에서 배워 온 것입니다.

147. **季節(きせつ)** : 계절
➡ 私は季節の中で秋が一番好きだ。 나는 계절 중에서 가을을 제일 좋아한다.

148. **規則(きそく)** : 규칙
➡ 規則をよく守らない人が増えている。 규칙을 잘 지키지 않는 사람이 늘고 있다.

149. **きっと** : 꼭, 틀림없이
➡ 明日は坂本さんがきっと来るだろう。 내일은 사카모토 씨가 꼭 올 것이다.

150. **絹(きぬ)** : 견, 명주
➡ このハンカチは絹で作られている。 이 손수건은 명주로 만들어져 있다.

151. **厳(きび)しい** : 엄하다
➡ 彼は厳しい親のもとで育てられた。 그는 엄한 부모 밑에서 자랐다.

152. **気分(きぶん)** : 기분, 컨디션
➡ 酒を飲みすぎて気分が悪い。 술을 과음해서 몸이 안 좋다.

153. **決(き)まる** : 결정되다
➡ 会議はあさってすることに決まりました。 회의는 모레하기로 결정되었습니다.

154. **君(きみ)** : 자네
➡ 君はどうして昨日来なかったの。 자네는 왜 어제 오지 않았지?

155. **決(き)める** : 결정하다
➡ 一日も早く決めましょう。 하루라도 빨리 정합시다.

156. **気持(きも)ち** : 기분
➡ 彼の気持ちを分からないこともないんです。 그의 기분을 모르는 것도 아닙니다.

157. **着物(きもの)** : 일본의 전통 옷
➡ 着物の着方はとても難しい。 기모노 입는 법은 매우 어렵다.

158. 急(きゅう)に : 갑자기
➡ 雨が急に降り出した。비가 갑자기 내렸다.

159. 急行(きゅうこう) : 급행
➡ その電車は急行ですからこの駅には止まりません。그 전철은 급행이니 이 역에는 정차하지 않습니다.

160. 教育(きょういく) : 교육
➡ 日本は中学校までが義務教育だ。일본은 중학교까지가 의무 교육이다.

161. 教会(きょうかい) : 교회
➡ 釜山は教会が多いことで有名だ。부산은 교회가 많은 것으로 유명하다.

162. 競争(きょうそう) : 경쟁
➡ 韓国と日本は競争関係の国だ。한국과 일본은 경쟁관계의 나라이다.

163. 興味(きょうみ) : 흥미
➡ 弟は自動車に興味を持っている。남동생은 자동차에 흥미를 가지고 있다.

164. 近所(きんじょ) : 이웃, 근처
➡ 先生は私の家の近所に住んでいる。선생님은 우리 집 근처에 살고 있다.

(く)

165. 具合(ぐあい) : (몸)상태
➡ 体の具合はどうですか。몸 상태는 어떻습니까?

166. 空気(くうき) : 공기
➡ 空気がなければ人間は生きていけない。공기가 없으면 인간은 살아 갈 수 없다.

167. 空港(くうこう) : 공항
➡ 空港バスは通りません。공항버스는 지나지 않습니다.

168. 草(くさ) : 풀
➡ この町はどこも草のにおいがする。이 마을은 어디라도 풀 냄새가 난다.

169. くださる : くれる의 존경어
➡ これは先生がくださった鉛筆です。이것은 선생님이 주신 연필입니다.

170. 首(くび) : 목
➡ 毎日会社に遅刻して首になった。매일 회사에 지각해서 잘렸다.

171. 雲(くも) : 구름
➡ 山の上に雲がかかっている。산 위에 구름이 걸려 있다.

172. 比(くら)べる
➡ あの子に比べると、うちの子は背が低い。저 아이와 비교하면 우리 집 아이는 키가 작다.

173. 暮(く)れる : 저물다
➡ 冬は早く日が暮れる。겨울은 빨리 날이 저문다.

SJPT 기반 다지기

174. くれる : 남이 나에게 주다
→ これは友だちがくれたものだ。 이것은 친구가 준 것이다.

(け)

175. 毛(け) : 털, 모
→ 髪の毛 (머리카락)
→ 毛のセーター (털스웨터)

176. 計画(けいかく) : 계획
→ 夏休みに何をするか計画を立っている。 여름 방학에 무엇을 할까 계획을 세우고 있다.

177. 警官(けいかん) : 경관
→ 警官が犯人と一緒にいる。 경관이 범인과 함께 있다.

178. 経験(けいけん) : 경험
→ はじめての海外経験を写真で残したい。 첫 해외경험을 사진으로 남기고 싶다.

179. 経済(けいざい) : 경제
→ 今年の経済はよくないようだ。 올해의 경제는 좋지 않을 것 같다.

180. 警察(けいさつ) : 경찰
→ 韓国の警察はとても親切だ。 한국 경찰은 매우 친절하다.

181. けが : 상처, 부상
→ あの事故でけがした人が１０人もいる。 저 사고로 부상당한 사람이 10명이나 있다.

182. 景色(けしき) : 경치
→ 夜の釜山の景色は海がすばらしい。 밤의 부산의 경치는 바다가 멋있다.

183. 下宿(げしゅく) : 하숙
→ 学校の近くで下宿しています。 학교 근처에서 하숙하고 있습니다.

184. 決(けっ)して : 결코
→ 彼と決して話さないつもりです。 그와 결단코 이야기하지 않을 생각입니다.

185. けれど(も) : 입니다만
→ すみませんけれど本を貸してください。 미안합니다만, 책을 빌려주세요.

186. 軒(けん) : 채 (건물을 세는 단위)
→ もう一軒行きましょう。 한 집 더 갑시다. (한 잔 더 합시다)

187. 原因(げんいん) : 원인
→ 事故の原因は何ですか。 사고의 원인은 무엇입니까?

188. けんか : 싸움
→ あの兄弟はいつもけんかをする。 저 형제는 항상 싸운다.

189. 研究(けんきゅう) : 연구
→ 坂本さんは一生魚の研究をしてきた。 사카모토 씨는 평생 생선 연구를 해 왔다.

190. **研究室(けんきゅうしつ)** : 연구실
→ 研究室の中に変な物がたくさんあった。 연구실 안에 이상한 물건이 많이 있었다.

191. **見物(けんぶつ)** : 구경
→ 昨日友だちと花見見物に行った。 어제 친구와 꽃구경하러 갔다.

(こ)

192. **子(こ)** : 애, 어린이
→ お子さんは何才ですか。 자제 분은 몇 살입니까?

193. **郊外(こうがい)** : 교외
→ 東京の郊外で出勤する会社員が増えている。 도쿄 교외에서 출근하는 회사원이 늘고 있다.

194. **講義(こうぎ)** : 강의
→ 先生の講義は分かりやすい。 선생님 강의는 이해하기 쉽다.

194. **工業(こうぎょう)** : 공업
→ インドは工業より農業を中心にしている。 인도는 공업보다 농업을 중심으로 하고 있다.

195. **高校(こうこう)** : 고교
→ 高校を卒業してすぐ会社に入りました。 고교를 졸업하고 나서 바로 회사에 들어갔습니다.

196. **高校生(こうこうせい)** : 고교생
→ 高校生はお酒を飲んではいけない。 고등학생은 술을 마셔서는 안 된다.

197. **工場(こうじょう)** : 공장
→ この町は工場が多いから空気が悪い。 이 마을은 공장이 많아서 공기가 나쁘다.

198. **校長(こうちょう)** : 교장
→ うちの校長先生は今年６２才だ。 우리 교장 선생님은 올해 62세이다.

199. **交通(こうつう)** : 교통
→ 交通事故は毎年増えている。 교통사고는 매년 늘고 있다.

200. **講堂(こうどう)** : 강당
→ うちの学校には講堂がない。 우리 학교에는 강당이 없다.

201. **公務員(こうむいん)** : 공무원
→ 公務員は給料は安いけど安定的だ。 공무원은 급료는 싸지만 안정적이다.

202. **国際(こくさい)** : 국제
→ 来月から日本で国際会議が開かれる。 다음 달부터 일본에서 국제회의가 열린다.

203. **心(こころ)** : 마음
→ 親の心が分かるのは自分が親になってからだ。 부모의 마음을 알 수 있는 것은 자신이 부모가 되고 나서부터이다.

204. **ございます** : あります의 정중체
→ 課長、明日時間がございますか。 과장님, 내일 시간 있으십니까?

SJPT 기반 다지기

205. **故障(こしょう)** : 고장
→ ラジオが故障して修理に行きます。 라디오가 고장나서 수리하러 갑니다.

206. **ご存(ぞん)じ** : 分(わ)かる의 존경어
→ 先生、木村さんをご存じですか。 선생님, 기무라씨를 아십니까?

207. **答(こた)え** : 대답
→ この問題の答えはよく分からない。 이 문제의 대답은 잘 모르겠다.

208. **ごちそう** : 맛있는 음식
→ 今度は私がごちそうします。 이번에는 제가 한 턱 내겠습니다.

209. **こっち** : 이 쪽
→ こっちが私の兄です。 이 쪽이 저의 형입니다.

210. **小鳥(ことり)** : 작은 새
→ 庭で小鳥が遊んでいる。 정원에서 작은 새가 놀고 있다.

211. **このあいだ** : 이전, 요전
→ このあいだ、高校の友だちに会った。 이전에 고교 때의 친구를 만났다.

212. **このごろ** : 요즘
→ このごろ、景気があまりよくない。 요즘 경기가 별로 좋지 않다.

213. **細(こま)かい** : 세세하다, 잘다
→ 細かいところまで気を使ってくれてありがとう。 세세한 데까지 신경 써 주어서 고마워.

214. **ごみ** : 쓰레기
→ ごみは毎週金曜日に捨てることになっています。 쓰레기는 매주 금요일에 버리기로 되어 있습니다.

215. **込(こ)む** : 붐비다
→ 道が込んで時間がかかりました。 길이 막혀서 시간이 걸렸습니다.

216. **米(こめ)** : 쌀
→ 今年は米不足で大変だ。 올해는 쌀 부족으로 큰일이다.

217. **ごらんになる** : 見(み)る의 존경어
→ 先生、私の宿題をごらんになりましたか。 선생님, 제 숙제를 보셨습니까?

218. **これから** : 지금부터
→ これから気をつけます。 지금부터 주의하겠습니다.

219. **怖(こわ)い** : 무섭다
→ 妹は怖い映画が好きらしい。 여동생은 무서운 영화를 좋아하는 것 같다.

220. **壊(こわ)す** : 부수다
→ この機械を壊したのは誰？ 이 기계를 부순 사람은 누구야?

221. 壊(こわ)れる : 부서지다, 고장나다
➡ このラジカセは壊れて使えないです。 이 라디오카세트는 고장나서 사용할 수 없습니다.

222. 今度(こんど) : 이 번, 다음
➡ 今度映画を見に行きましょう。 이 번에 영화를 보러 갑시다.

223. 今夜(こんや) : 오늘 밤
➡ 今夜１２時から野球の中継がある。 오늘 밤 12시부터 야구중계가 있다.

(さ)

224. 最近(さいきん) : 최근
➡ 最近、日本語の学校が増えた。 최근, 일본어 학교가 늘었다.

225. 最後(さいご) : 최후, 마지막
➡ 最後は私がします。 마지막에는 제가 하겠습니다.

226. 最初(さいしょ) : 최초, 처음
➡ 最初、歴史から始めます。 제일 먼저, 역사부터 시작하겠습니다.

227. 財布(さいふ) : 지갑
➡ 財布を家に忘れてきました。 지갑을 집에 잊어버리고 왔습니다.

228. 探(さが)す : 찾다
➡ 教室の中を探して下さい。 교실 안을 찾아 주세요.

229. 下(さ)がる : 내리다
➡ りんごの値段が下がりました。 사과 값이 내렸습니다.

230. 盛(さか)んだ : 번성하다
➡ この町は自動車産業がとても盛んだ。 이 마을은 자동차 산업이 매우 번성하다.

231. 下(さ)げる : 내리다
➡ もう少し下げてください。 좀 더 내려 주세요.

232. 差(さ)し上(あ)げる : あげる,やる의 겸양어
➡ これは私が先生に差し上げたものです。 이것은 제가 선생님에게 드린 것입니다.

233. さっき : 조금 전
➡ さっきまでここにいました。 조금 전까지 여기에 있었습니다.

234. 寂(さび)しい : 외롭다
➡ 東京で一人でいたのでとても寂しかった。 도쿄에 혼자 있었기 때문에 매우 외로웠다.

235. 様(さま) : さん의 존경어
➡ お客様は何名様ですか。 손님은 몇 분이십니까?

236. さ来月(らいげつ) : 다 다음 달
➡ さ来月に友だちが結婚する。 다 다음 달에 친구가 결혼한다.

SJPT 기반 다지기

237. **さ来週(らいしゅう)** : 다 다음 주
→ さ来週に試験がある。다 다음 주에 시험이 있다.

238. **騒(さわ)ぐ** : 떠들다
→ 教室で騒がないでください。교실에서 떠들지 말아 주세요.

239. **触(さわ)る** : 만지다
→ 機械には触らないでください。기계는 만지지 말아 주세요.

240. **残念(ざんねん)** : 유감
→ 試験に落ちましたか。残念ですね。시험에 떨어졌습니까? 유감이군요.

(し)

241. **字(じ)** : 글자
→ あの子は3才から字が分かったそうだ。저 아이는 3살 때부터 글자를 알았다고 한다.

242. **試合(しあい)** : 시합
→ 昨日の試合は雨で中止しました。어제 시합은 비로 중지되었습니다.

243. **仕方(しかた)** : 방법
→ 仕方がないからやめましょう。방법이 없으니 그만둡시다.

244. **しかる** : 꾸짖다
→ 遅刻して先生にしかられた。지각해서 선생님에게 혼났다.

245. **式(しき)** : 식
→ 結婚式は来週です。결혼식은 다음 주 입니다.

246. **試験(しけん)** : 시험
→ 試験はとても難しかったです。시험은 매우 어려웠습니다.

247. **事故(じこ)** : 사고
→ 事故の原因が明らかになった。사고의 원인이 밝혀졌다.

248. **地震(じしん)** : 지진
→ 日本は地震がたくさん起きる。일본은 지진이 많이 일어난다.

249. **時代(じだい)** : 시대
→ 今はコンピュータ時代だ。지금은 컴퓨터시대이다.

250. **下着(したぎ)** : 속옷
→ 最近下着を着ない人が多い。최근 속옷을 안 입는 사람이 많다.

251. **支度(したく)** : 준비
→ 食事の支度で忙しい。식사준비로 바쁘다.

252. **しっかり** : 확실히, 분명한, 똑바른
→ 坂本さんはしっかりした人だ。사카모토 씨는 분명한 사람이다.

253. **失敗(しっぱい)** : 실패
→ 今度失敗したら死んでしまうつもりだ。이

번에 실패하면 죽어버릴 생각이다.

254. **失礼(しつれい)** : 실례
➡ お先に失礼します。 먼저 실례하겠습니다.

255. **辞典(じてん)** : 사전
➡ 英語の辞典を貸してください。 영어사전을 빌려 주세요.

256. **品物(しなもの)** : 물건
➡ 駅前のスーパーは品物がほかの店より多い。 역 앞 슈퍼는 물건이 다른 가게보다 많다.

257. **しばらく** : 잠시
➡ しばらくお待ちください。 잠시 기다려 주세요.

258. **島(しま)** : 섬
➡ 日本は四つの島の国だ。 일본은 네 개의 섬의 나라다.

259. **〜てしまう** : ~해 버리다
➡ お腹がすいて全部食べてしまった。 배가 고파 전부 먹어버렸다.

260. **事務所(じむしょ)** : 사무소
➡ 友だちと一緒に事務所を使っている。 친구와 함께 사무소를 사용하고 있다.

261. **社会(しゃかい)** : 사회
➡ 今の社会は複雑化している。 지금의 사회는 복잡화되고 있다.

262. **社長(しゃちょう)** : 사장
➡ 社長は今年６０才だ。 사장은 올해 60세다.

263. **じゃま** : 방해, 실례
➡ おじゃまします。 실례하겠습니다.

264. **自由(じゆう)** : 자유
➡ 給料はいいが、自由な時間が少ない。 급료는 좋지만 자유로운 시간이 적다.

265. **習慣(しゅうかん)** : 습관
➡ 子供からの習慣がなかなか直らない。 어린 시절의 습관이 좀처럼 고쳐지지 않는다.

266. **住所(じゅうしょ)** : 주소
➡ ここに住所と名前を書いてください。 여기에 주소와 이름을 써 주세요.

267. **柔道(じゅうどう)** : 유도
➡ 韓国と日本は柔道が強い。 한국과 일본은 유도가 강하다.

268. **十分(じゅうぶん)** : 충분히
➡ 昨日は疲れて十分寝ました。 어제는 피곤해서 충분히 잤습니다.

269. **出席(しゅっせき)** : 출석
➡ 出席しない人は手を上げてください。 출석하지 않을 사람은 손을 들어 주세요.

270. **出発(しゅっぱつ)** : 출발
➡ 明日午前中に出発します。 내일 오전 중으로

SJPT 기반 다지기

출발하겠습니다.

271. 趣味(しゅみ) : 취미
→ 私の趣味は映画を見ることです。 내 취미는 영화를 보는 것입니다.

272. 準備(じゅんび) : 준비
→ 旅行の準備はもう終わりました。 여행 준비는 이미 끝났습니다.

273. 紹介(しょうかい) : 소개
→ みなさんの自己紹介をしてください。 여러분의 자기소개를 해 주세요.

274. 正月(しょうがつ) : 정월, 설날
→ お正月には田舎に帰ります。 설날에는 고향에 돌아갑니다.

275. 小学校(しょうがっこう) : 초등학교
→ 昨日道で小学校の友だちに会った。 어제 길에서 초등학교 친구를 만났다.

276. 小説(しょうせつ) : 소설
→ これは恋愛小説だ。 이것은 연애소설이다.

277. 招待(しょうたい) : 초대
→ 私の誕生日に彼女を招待した。 내 생일에 그녀를 초대했다.

278. 承知(しょうち)する : 알다, 승낙하다
→ 社長のおっしゃること、承知しました。 사장님이 하시는 말씀, 알겠습니다.

279. 将来(しょうらい) : 장래
→ 将来、大統領になるのが夢だ。 장래에 대통령이 되는 것이 꿈이다.

280. 食事(しょくじ) : 식사
→ 忙しくて食事をする時間もないんです。 바빠서 식사할 시간도 없습니다.

281. 食料品(しょくりょうひん) : 식료품
→ お金がないから食料品が買えない。 돈이 없어 식료품을 살 수 없다.

282. 女性(じょせい) : 여성
→ 女性専用のレストランです。 여성 전용 레스토랑입니다.

283. 知(し)らせる : 알리다
→ みなさまにお知らせします。 여러분에게 알리겠습니다.

284. 調(しら)べる : 조사하다
→ 私が調べましたが、それはうそでした。 제가 조사했습니다만, 그것은 거짓말이었습니다.

285. 人口(じんこう) : 인구
→ 日本の人口は毎年減ります。 일본의 인구는 매년 줍니다.

286. 神社(じんじゃ) : 신사
→ 日本といえば神社ですね。 일본이라고 하면 신사입니다.

287. 親切(しんせつ) : 친절
➡ そこの店の店員は親切です。 그 가게의 점원은 친절합니다.

288. 心配(しんぱい) : 걱정
➡ 日本に行った息子のことで母は毎日心配です。 일본에 간 아들 때문에 어머니는 매일 걱정합니다.

289. 新聞社(しんぶんしゃ) : 신문사
➡ 韓国は新聞社がそんなに多くない。 한국은 신문사가 그렇게 많지 않다.

(す)

290. 水泳(すいえい) : 수영
➡ 海で水泳はできません。 바다에서 수영은 못합니다.

291. 水道(すいどう) : 수도
➡ 雨が降らなくて水道から水が出ません。 비가 오지 않아 수도에서 물이 안 나옵니다.

292. ずいぶん : 꽤, 상당히
➡ 昨日はずいぶん寒かったですね。 어제는 상당히 추웠습니다.

293. 数学(すうがく) : 수학
➡ 英語はいいが数学の点数はよくない。 영어는 괜찮은데 수학 점수는 좋지 않다.

294. 過(す)ぎる : 지나다
➡ 下りるところを過ぎてしまった。 내릴 곳을 지나쳐 버렸다.

295. 동사 ます형 + すぎる : 지나치게~하다
➡ お腹がすいて食べすぎた。 배가 고파 과식했다.

296. すく : 고프다
➡ お腹がすいた。 배가 고프다.

297. すく : 비다
➡ すいた電車に乗った。 빈 전철을 탔다.

298. 少(すく)ない : 적다
➡ 今年は雨が少ないですね。 올해는 비가 적군요.

299. すごい : 굉장하다
➡ 彼の歌はすごい。 그의 노래는 굉장하다.

300. すっかり : 완전히
➡ すっかり冬になった。 완전히 겨울이 되었다.

301. ずっと : 계속, 훨씬
➡ 坂本さんより私の背がずっと高い。 사카모토 씨보다 내 키가 훨씬 크다.

302. 捨(す)てる : 버리다
➡ これは捨ててもかまいません。 이것은 버려도 상관없습니다.

303. 砂(すな) : 모래
➡ 釜山の海の砂はきれいだった。 부산 바다의 모래는 깨끗했다.

SJPT 기반 다지기

304. すばらしい : 멋지다
➡ 彼の歌はすばらしかった。그의 노래는 훌륭했다.

305. すべる : 미끄러지다
➡ この階段はすべりやすいから気をつけてください。이 계단은 미끄러지기 쉬우니 주의하세요.

306. 隅(すみ) : 구석
➡ 彼はいつも店の隅に座る。그는 항상 가게의 구석에 앉는다.

307. 済(す)む : 끝나다
➡ 手術をしないで済んでよかった。수술을 하지 않고 끝나서 좋았다.

308. すり : 소매치기
➡ 道ですりにあって財布をとられた。길에서 소매치기를 당해 지갑을 잃어버렸다.

309. すると : 그러자
➡ 先生がいらっしゃった。すると、クラスは静かになった。선생님이 오셨다. 그러자 교실은 조용해졌다.

(せ)

310. 製(せい) : 제
➡ これは日本製だ。이것은 일본제품이다.

311. 生活(せいかつ) : 생활
➡ 日本での留学生活は大変だ。일본에서의 유학생활은 힘들다.

312. 政治(せいじ) : 정치
➡ 彼は将来政治家になるのが夢だ。그는 장래에 정치가가 되는 것이 꿈이다.

313. 西洋(せいよう) : 서양
➡ 西洋の文化が入ってきた。서양 문화가 들어왔다.

314. 世界(せかい) : 세계
➡ 世界の人口はどのくらいだろう。세계인구는 어느 정도일까?

315. 席(せき) : 자석
➡ あいた席はございません。빈 좌석은 없습니다.

316. 説明(せつめい) : 설명
➡ 先生の説明は難しい。선생님의 설명은 어렵다.

317. 背中(せなか) : 등
➡ 二人は背中を合わせて立っている。두 사람은 등을 맞대고 서 있다.

318. ぜひ : 꼭
➡ ぜひもう一度遊びに来てください。꼭 한번 더 놀러 와 주세요.

319. 世話(せわ)をする : 신세를 지다
➡ いろいろお世話になりました。여러가지 신

세를 졌습니다.

320. **線(せん)** : 선
→ この線を越えないようにしてください。 이 선을 넘지 않도록 해 주세요.

321. **全然** : 전혀
→ 彼の言うことは全然分かりません。 그가 하는 말은 전혀 모르겠습니다.

322. **戦争(せんそう)** : 전쟁
→ 戦争はもうすぐ起こりそうだ。 전쟁은 이제 곧 일어날 것 같다.

323. **先輩(せんぱい)** : 선배
→ 彼は私の高校の先輩です。 그는 나의 고교 선배입니다.

324. **専門(せんもん)** : 전문, 전공
→ 大学では日本語を専門にしたい。 대학에서는 일본어를 전공하고 싶다.

(そ)

325. **そう** : 그렇게
→ 私もそう思います。 저도 그렇게 생각합니다.

326. **相談(そうだん)** : 상담
→ 親と相談して決めます。 부모님과 상담하고 결정하겠습니다.

327. **育(そだ)てる** : 키우다
→ 子供を4人育てるのは大変だ。 아이를 4명 키

우는 것은 힘들다.

328. **卒業(そつぎょう)** : 졸업
→ 来年高校を卒業します。 내년에 고등학교를 졸업합니다.

329. **祖父(そふ)** : 조부
→ 私の祖父は今年８５才です。 우리 할아버지는 올해 85세다.

330. **祖母(そぼ)** : 조모
→ 祖母は去年亡くなった。 할머니는 작년에 돌아가셨다.

331. **それで** : 그래서
→ 雨が降っている。それで傘を持って行った。 비가 내리고 있다. 그래서 우산을 들고 갔다.

332. **それに** : 게다가
→ バスがない。それに電車もない。 버스가 없다. 게다가 전철도 없다.

333. **それほど** : 그 정도
→ それほど大きい問題ではない。 그 정도로 큰 문제는 아니다.

334. **そろそろ** : 슬슬
→ そろそろ始めましょう。 슬슬 시작합시다.

335. **そんな** : 그런
→ そんなことはなかったんです。 그런 일은 없었습니다.

SJPT 기반 다지기

(た)

336. 代(だい) : 대
➡ そのラーメン屋は３代目です。 그 라면 집은 3대 째입니다.

337. 退院(たいいん) : 퇴원
➡ もう退院しても大丈夫です。 이제 퇴원해도 문제없습니다.

338. 大学生(だいがくせい) : 대학생
➡ うちは大学生が３人もいて、生活が大変です。 우리 집은 대학생이 3명이나 있어서, 생활이 힘듭니다.

339. 大事(だいじ) : 중요함, 소중함
➡ これは大事な書類です。 이것은 중요한 서류입니다.

340. だいたい : 대개
➡ この服はだいたい男の人が着るものです。 이 옷은 대개 남자가 입는 것입니다.

341. だいぶ : 꽤, 상당히
➡ これはだいぶ昔の歌だ。 이것은 상당히 옛날 노래다.

342. 台風(たいふう) : 태풍
➡ 台風１３号が韓国に上陸した。 태풍 13호가 한국에 상륙했다.

343. 倒(たお)れる : 쓰러지다
➡ 道路に大きい木が倒れている。 도로에 큰 나무가 쓰러져 있다.

344. だから : 때문에, 그래서
➡ だから私が言ったじゃないですか。行かないほうがいいって。 그래서 제가 말하지 않습니까? 안가는 편이 좋다고.

345. 確(たし)か : 아마
➡ 確か会議は１０時でしたよ。 아마 회의는 10시였을 것입니다.

346. 足(た)す : 더하다
➡ １に３を足すと４になる。 1에 3을 더하면 4가 된다.

347. 동사ます형+だす : (갑자기)~하기 시작하다
➡ 急に雪が降り出した。 갑자기 눈이 내리기 시작했다.

348. 訪(たず)ねる : 방문하다
➡ 先生が昨日訪ねて来ました。 선생님이 어제 방문해 왔습니다.

349. 尋(たず)ねる : 묻다
➡ いくら尋ねても反応がなかった。 아무리 물어도 반응이 없었다.

350. 正(ただ)しい : 바르다
➡ 彼の話は正しくない。 그의 이야기는 바르지 않다.

351. 畳(たたみ) : 일본식 방에 까는 것.
➡ この部屋は畳が汚い。 이 방은 다다미가 더럽다.

352. 建(た)てる : 세우다(건물)
→ このビルは去年建てられた。 이 건물은 작년에 세워졌다.

353. 立(た)てる : 세우다(계획 등)
→ 友だちと夏休みの計画を立てた。 친구와 여름 방학 계획을 세웠다.

354. 例(たと)えば : 예를 들면
→ 例えばこれがコップとすれば。 예를 들면 이것이 컵이라고 하면.

355. 棚(たな) : 선반
→ 棚の上に本がある。 선반 위에 책이 있다.

356. 楽(たの)しみ : 즐거움, 낙
→ 音楽が私の生活の楽しみです。 음악이 나의 생활의 즐거움입니다.

357. たまに : 가끔
→ たまにカラオケに行く。 가끔 노래방에 간다.

358. ため : 때문에, 위해서
→ 私のためにやってください。 저를 위해서 해 주세요.
→ 夜遅く寝たため、遅刻してしまった。 밤늦게 자서, 지각해 버렸다.

359. だめ : 안됨
→ ここでタバコを吸ってはだめだ。 여기서 담배를 피워서는 안 된다.

360. 足(た)りる : 충분하다
→ 1万円あれば足りる。 만 엔 있으면 충분하다.

361. 男性(だんせい) : 남성
→ 男性用のくつはどれですか。 남성용 구두는 어느 것입니까?

362. 暖房(だんぼう) : 난방
→ この部屋は暖房がよくない。 이 방은 난방이 좋지 않다.

(ち)

363. 血(ち) : 피
→ 服に血がついている。 옷에 피가 묻어 있다.

364. 小(ちい)さな : 작은
→ 私の田舎は小さな町だ。 내 고향은 작은 마을이다.

365. 力(ちから) : 힘
→ 朝ご飯を食べなかったため、力がない。 아침밥을 먹지 않아서 힘이 없다.

366. ちっとも : 전혀, 조금도
→ ちっともおもしろくない。 전혀 재미없다.

367. 注意(ちゅうい) : 주의
→ 車に注意してください。 차를 조심하세요.

368. 中学校(ちゅうがっこう) : 중학교
→ 来年、ここに中学校ができるらしい。 내년

SJPT 기반 다지기

에 여기에 중학교가 생기는 것 같다.

369. **注射(ちゅうしゃ)** : 주사
➡ 風邪で注射をした。 감기로 주사를 맞았다.

370. **駐車場(ちゅうしゃじょう)** : 주차장
➡ 駐車場に車がたくさんある。 주차장에 차가 많이 있다.

371. **ちり** : 먼지, 티끌
➡ 坂本さんの部屋にはちり一つもない。 사카모토 씨 방에는 먼지 하나 없다.

(つ)

372. **ついて** : ~대해서
➡ 私は野球については全然分からない。 나는 야구에 대해서는 전혀 모른다.

373. **捕(つか)まえる** : 붙잡다
➡ 警察が犯人を捕まえた。 경찰관이 범인을 붙잡았다.

374. **月(つき)** : 달
➡ 月と太陽。 달과 태양.

375. **月(つき)** : 달
➡ 一月。 한 달.

376. **つく** : 켜지다
➡ 電灯がつく。 전등이 켜지다.

377. **つける** : 관용구적인 개념
➡ 気をつける。 주의하다.

378. **浸(つ)ける** : 담그다, 적시다
➡ 顔を水に浸けて泳いだ。 얼굴을 물에 담그고 헤엄쳤다.

379. **都合(つごう)** : 사정, 형편
➡ 明日の都合はいかがですか。 내일은 시간이 있습니까?

380. **続(つづ)く** : 계속되다
➡ まだドラマは続いている。 아직 드라마는 계속되고 있다.

381. **続(つづ)ける** : 계속하다
➡ お話を続けてください。 말씀을 계속해 주세요.

382. **包(つつ)む** : 포장하다
➡ それは紙で包んでください。 그것은 종이로 포장해 주세요.

383. **妻(つま)** : 부인
➡ 私の妻は背が低いです。 저의 아내는 키가 작습니다.

384. **つもり** : 작정, 생각, 추정
➡ 彼女はアメリカへ行くつもりです。 그녀는 미국에 갈 생각입니다.

385. 釣(つ)る : 낚다, 낚시하다
→ 大きな魚を釣った。 큰 물고기를 낚았다.

386. 連(つ)れる : 동반하다
→ 友だちも連れてきてください。 친구도 데리고 오세요.

(て)

387. 丁寧(ていねい) : 정중함, 공손함
→ 社長に丁寧にあいさつをした。 사장님에게 정중하게 인사를 했다.

388. 適当(てきとう) : 적당
→ ここは遊びに適当なところだ。 여기는 놀기에 적당한 장소다.

389. できる : 생기다
→ 駅の前に銀行ができた。 역 앞에 은행이 생겼다.

390. できるだけ : 가능한 한
→ できるだけ英語で話してください。 가능한 한 영어로 말씀해 주세요.

391. 手伝(てつだ)う : 돕다, 거들다
→ 荷物が重いから手伝ってください。 짐이 무거우니 도와주세요.

392. 手袋(てぶくろ) : 장갑
→ 赤い手袋がほしい。 빨간 장갑을 갖고 싶다.

393. 寺(てら) : 절
→ 1月一日はたくさんの人がお寺に行く。 1월 1일은 많은 사람이 절에 간다.

394. 点(てん) : 점
→ 彼一人で5点を入れた。 그 혼자서 5점을 넣었다.

395. 店員(てんいん) : 점원
→ 店員が店を休んだため、とても忙しい。 점원이 가게를 쉬어서 매우 바쁘다.

396. 天気予報(てんきよほう) : 일기예보
→ ニュースが終わったら天気予報をお伝えします。 뉴스가 끝나면 일기예보를 전해 드리겠습니다.

397. 電灯(でんとう) : 전등
→ 教室に電灯がついてない。 교실에 불이 켜져 있지 않다.

398. 電報(でんぽう) : 전보
→ 父の死の知らせが電報で来た。 아버지의 죽음의 소식이 전보로 왔다.

399. 展覧会(てんらんかい) : 전람회
→ 今度の展覧会は動物の絵だ。 이 번 전람회는 동물 그림이다.

(と)

400. 道具(どうぐ) : 도구
→ 道具を使った授業を楽しんでいる。 도구를 사용한 수업을 즐기고 있다.

SJPT 기반 다지기

401. とうとう : 마침내
➡ とうとう彼が優勝した。 마침내 그가 우승했다.

402. 動物園(どうぶつえん) : 동물원
➡ 今度の日曜日に子供と動物園に行くつもりだ。 이번 일요일에 아이와 동물원에 갈 생각이다.

403. 遠(とお)く : 먼~
➡ 部長は会社から遠くのところに住んでいる。 부장님은 회사에서 먼 곳에 살고 있다.

404. 通(とお)り : 길, 거리
➡ そこの通りには外国人が多い。 그 거리에는 외국인이 많다.

405. 通(とお)る : 지나다
➡ 高速道路に車がたくさん通っている。 고속도로에 차가 많이 지나고 있다.

406. とき : 때
➡ 家に帰ったとき、地震が起きた。 집에 돌아갔을 때, 지진이 일어났다.

407. 特(とく)に : 특히
➡ この問題が特に難しい。 이 문제가 특히 어렵습니다.

408. 特別(とくべつ) : 특별
➡ 二人は特別な関係だ。 두 사람은 특별한 관계이다.

409. とこや : 이발소
➡ とこやの前に花屋がある。 이발소 앞에 꽃집이 있다.

410. 年(とし) : 해, 년
➡ この年は雪が多い。 이 해는 눈이 많다.

411. 途中(とちゅう) : 도중
➡ 会社に行く途中、友だちに会った。 회사에 가는 도중, 친구를 만났다.

412. 特急(とっきゅう) : 특급
➡ 特急列車は１２時にある。 특급 열차는 12시에 있다.

413. どっち : 어느 쪽
➡ トイレはどっちですか。 화장실은 어느 쪽입니까?

414. 届(とど)ける : 배달하다
➡ その荷物は明日お届けします。 그 짐은 내일 배달하겠습니다.

415. 泊(と)まる : 머물다
➡ あさっては兄の家に泊まるつもりだ。 모레는 형 집에 머물 생각이다.

416. 止(と)める : 멈추다
➡ 信号の前で止めてください。 신호 앞에 세워 주세요.

417. 取(と)り替(か)える : 바꾸다
➡ 部屋が暗かったので電球を取り替えた。 방이 어두워 전구를 바꿨다.

418. 泥棒(どろぼう) : 도둑
➡ 去年の１０月に泥棒に入られた。 작년 10월에 도둑에게 침입당했다.

(な)

419. 直(なお)す : 고치다
➡ その自転車は私が直しました。 그 자전거는 제가 고쳤습니다.

420. 直(なお)る : 고쳐지다
➡ 彼の悪い酒くせが直った。 그의 나쁜 술버릇이 고쳐졌다.

421. 治(なお)る : 났다
➡ 風邪はもう治った。 감기는 이미 나았다.

422. なかなか : 좀처럼, 매우
➡ この問題はなかなか難しい。 이 문제는 매우 어렵다.

423. 동사ます형+ながら : ~하면서
➡ 新聞を見ながらテレビを見る。 신문을 보면서 텔레비전을 본다.

424. 泣(な)く : 울다
➡ 子供が公園で泣いている。 아이가 공원에서 울고 있다.

425. 無(な)くす : 없애다
➡ 悪いところは無くそう。 나쁜 곳은 없애자.

426. 無(な)くなる : 없어지다
➡ さっきまであった財布が無くなった。 조금 전까지 있었던 지갑이 없어졌다.

427. 亡(な)くなる : 死(し)ぬ의 존경어
➡ 私の父は去年、亡くなった。 나의 아버지는 작년에 돌아가셨다.

428. 投(な)げる : 던지다
➡ 本を投げないでください。 책을 던지지 말아주세요.

429. なさる : する의 존경어
➡ 部長は何になさいますか。 부장님은 무엇으로 하시겠습니까?

430. なぜ : 왜
➡ なぜ来なかったんですか。 왜 오지 않았습니까?

431. 鳴(な)る : 울다
➡ 電話ベルが鳴っている。 전화 벨이 울리고 있다.

432. なるべく : 가능한 한
➡ なるべく行くようにします。 가능한 한 가도록 하겠습니다.

SJPT 기반 다지기

433. なるほど : 과연
→ なるほど、先生のおっしゃるとおりです。
과연 선생님이 하신 말씀 대로입니다.

434. 慣(な)れる : 익숙해지다
→ やっとこの仕事に慣れました。 겨우 이 일에 익숙해졌습니다.

(に)

435. におい : 냄새
→ この部屋にいやなにおいがしますね。 이 방에 이상한 냄새가 나는군요.

436. 苦(にが)い : 쓰다
→ この薬はとても苦い。 이 약은 매우 쓰다.

437. 동사ます형+にくい : ~하기 어렵다
→ これはやりにくい仕事だ。 이것은 하기 어려운 일이다.

438. 逃(に)げる : 도망가다
→ 友だちは私の顔を見て逃げてしまった。 친구는 나의 얼굴을 보고 도망가버렸다.

439. 日記(にっき) : 일기
→ 毎日日記をつけている。 매일 일기를 쓰고 있다.

440. 入院(にゅういん) : 입원
→ 交通事故で入院した。 교통사고로 입원했다.

441. 入学(にゅうがく) : 입학
→ 今年の4月に入学した。 올 4월에 입학했다.

442. 似(に)る : 닮다
→ 兄は父に似ている。 형은 아버지를 닮았다.

443. 人形(にんぎょう) : 인형
→ 彼からもらった人形です。 그에게 받은 인형입니다.

(ぬ)

444. 盗(ぬす)む ; 훔치다
→ 彼の本を盗んだのは坂本さんだそうだ。 그의 책을 훔친 것은 사카모토 씨라고 합니다.

445. 塗(ぬ)る : 칠하다
→ 赤い色で塗ってください。 빨간 색으로 칠해 주세요.

446. ぬれる : 젖다
→ 雨が降って服がぬれてしまった。 비가 와서 옷이 젖어 버렸다.

(ね)

447. 値段(ねだん) : 가격
→ 値段が高いのはやめましょう。 가격이 비싼 것은 그만둡시다.

448. 熱(ねつ) : 열
→ 熱がちょっとあって頭が痛い。 열이 조금 있어 머리가 아프다.

449. 熱心(ねっしん) : 열심
➡ 試験が来週だから毎日熱心に勉強する。 시험이 다음 주이니 때문에 매일 열심히 공부한다.

450. 眠(ねむ)い : 졸리다
➡ 昨日夜遅くまでテレビを見てすごく眠い。 어제 밤늦게 까지 텔레비전을 봐서 매우 졸린다.

451. 眠(ねむ)る : 자다
➡ ここに両親が眠っている。 이곳에 양친이 잠들어 있다.

(の)

452. 残(のこ)る : 남다
➡ 教室に一人で残った。 교실에 혼자 남았다.

453. のど : 목구멍
➡ 歌いすぎてのどが痛い。 너무 노래를 많이 불러 목이 아프다.

454. 乗(の)り換(か)える : 갈아타다
➡ 東京駅で乗り換える。 도쿄 역에서 갈아탄다.

455. 乗(の)り物(もの) : 탈것
➡ 対島までの乗り物は船しかない。 대마도까지 탈 것은 배밖에 없다.

(は)

456. 葉(は) : 잎
➡ 秋になって葉が落ちている。 가을이 되어 잎이 떨어지고 있다.

457. 場合(ばあい) : 경우
➡ 私の場合はそう思いません。 나의 경우는 그렇게 생각하지 않습니다.

458. 倍(ばい) : 배
➡ 値段が２倍もする高い店だ。 가격이 두배나 하는 비싼 가게다.

459. 拝見(はいけん)する : 見(み)る의 겸양어
➡ 切符を拝見します。 표를 보겠습니다.

460. 歯医者(はいしゃ) : 치과의사
➡ そこの歯医者はやさしいし、親切だ。 그곳의 치과의사는 상냥하고, 친절하다.

461. 동사과거형+ばかり : 막~함
➡ 今起きたばかりで、顔も洗ってない。 지금 막 일어나서 세수도 안했다.

462. 運(はこ)ぶ : 운반하다
➡ その荷物は僕が運びます。 그 짐은 제가 운반하겠습니다.

463. 始(はじ)める : 시작하다
➡ そろそろ会議を始めます。 슬슬 회의를 시작하겠습니다.

464. はずだ : 틀림없이~일 것이다
➡ 彼は先生のはずだ。 그는 틀림없이 선생님일 것이다.

SJPT 기반 다지기

465. 恥(は)ずかしい : 부끄럽다
➡ 人前に出るのは恥ずかしいことだ。 남 앞에 나가는 것은 부끄러운 것이다.

466. 発音(はつおん) : 발음
➡ 彼は外国人なのに日本語の発音がいい。 그는 외국인인데도 일본어 발음이 좋다.

467. はっきり : 분명히
➡ 明日行くか行かないかはっきりしなさい。 내일 갈지 안 갈지 분명히 해라.

468. 花見(はなみ) : 꽃구경
➡ この町は春になると花見に来る人が多い。 이 마을은 봄이 되면 꽃구경하러 오는 사람이 많다.

469. 払(はら)う : 지불하다
➡ 今日は私が払います。 오늘은 제가 내겠습니다.

470. 番組(ばんぐみ) : 프로그램
➡ 子供が見てはいけない番組だ。 어린이가 봐서는 안 되는 프로그램이다.

471. 反対(はんたい) : 반대
➡ その意見には反対する。 그 의견에는 반대한다.

(ひ)

472. 火(ひ) : 불
➡ 冬は火に気をつけなければならない。 겨울에는 불을 조심해야만 한다.

473. 日(ひ) : 날
➡ 彼女が来る日を楽しみにしています。 그녀가 올 날을 기대하고 있습니다.

474. 冷(ひ)える : 차가워지다
➡ 冷えているビールはとてもおいしい。 찬 맥주는 매우 맛있다.

475. 引(ひ)き出(だ)し : 서랍
➡ 引き出しの中にかぎがあります。 서랍 안에 열쇠가 있습니다.

476. ひげ : 수염
➡ 父は毎日ひげをそる。 아버지는 매일 수염을 깎는다.

477. 飛行場(ひこうじょう) : 비행장, 공항
➡ 飛行場内には入れません。 비행장 내에는 들어갈 수 없습니다.

478. 久(ひさ)しぶり : 오랜만에
➡ 久しぶりに彼女に会った。 오랜만에 그녀를 만났다.

479. 美術館(びじゅつかん) : 미술관
➡ 美術館には人がいっぱいだ。 미술관에는 사람이 많다.

480. 非常(ひじょう)に : 매우
➡ 昨日非常に寒かった。 어제는 매우 추웠다.

481. びっくりする : 깜짝 놀라다
➡ 死んだと思った後輩に会ってびっくりした。 죽은 줄로 알았든 후배를 만나 깜짝 놀랐다.

482. 引(ひ)っ越(こ)す : 이사하다
➡ 来週の金曜日に引っ越すつもりだ。 다음 주 금요일에 이사할 생각이다.

483. 必要(ひつよう) : 필요
➡ 私に必要なのはお金だ。 나에게 필요한 것은 돈이다.

484. ひどい : 심하다
➡ 交通事故にあってひどいけがをした。 교통사고를 당해 심한 부상을 입었다.

485. 開(ひら)く : 열다
➡ 来年、韓国でオリンピックが開かれる。 내년에 한국에서 올림픽이 개최된다.

486. 昼間(ひるま) : 낮
➡ 昼間には1時間昼寝をする。 낮에는 한 시간 낮잠을 잔다.

487. 昼休(ひるやす)み : 점심시간
➡ 昼休みは1時間半です。 점심시간은 한 시간 반입니다.

488. 拾(ひろ)う : 줍다
➡ 道に落ちているごみを拾っています。 길에 떨어진 쓰레기를 줍고 있습니다.

(ふ)

489. 増(ふ)える : 증가하다
➡ アフリカの人口は毎年増えている。 아프리카 인구는 매년 증가하고 있다.

490. 深(ふか)い : 깊다
➡ 深いところで泳ぐと危ないです。 깊은 곳에서 수영하면 위험합니다.

491. 複雑(ふくざつ) : 복잡
➡ 複雑な問題だ。 복잡한 문제이다.

492. 復習(ふくしゅう) : 복습
➡ 私は今日習ったことは今日中に復習する。 나는 오늘 배운 것은 오늘 중으로 복습한다.

493. 普通(ふつう) : 보통
➡ 普通は朝6時に起きる。 보통은 아침 6시에 일어난다.

494. ぶどう : 포도
➡ ぶどうは夏の果物だ。 포도는 여름 과일이다.

495. 太(ふと)る : 살찌다
➡ 5キロも太ってしまった。 5킬로나 살쪘다.

496. 布団(ふとん) : 이불
➡ 僕は夏も布団をかけて寝る。 나는 여름에도 이불을 덮고 잔다.

SJPT 기반 다지기

497. 船(ふね) : 배
➡ 船より飛行機のほうがずっと速い。 배보다 비행기 쪽이 훨씬 빠르다.

498. 不便(ふべん) : 불편
➡ 不便をおかけしましてどうもすみません。 불편을 끼쳐드려 대단히 죄송합니다.

499. 踏(ふ)む : 밟다
➡ けさ、電車で足を踏まれた。 오늘 아침 전철에서 발을 밟혔다.

500. 文化(ぶんか) : 문화
➡ 日本の文化は全然分からない。 일본의 문화는 전혀 모른다.

501. 文学(ぶんがく) : 문학
➡ 韓国の文学と日本の文学を比べている。 한국의 문학과 일본의 문학을 비교하고 있다.

502. 文法(ぶんぽう) : 문법
➡ 日本語の文法はやさしい。 일본어의 문법은 쉽다.

(へ)

503. べつに : 딱히, 특별히
➡ べつに食べたいものはない。 딱히 먹고 싶은 것은 없다.

504. 変(へん) : 이상
➡ 彼は変な人だ。 그는 이상한 사람이다.

505. 返事(へんじ) : 답변, 답장
➡ いくら呼んでも返事がない。 아무리 불러도 대답이 없다.

(ほ)

506. 貿易(ぼうえき) : 무역
➡ この会社は日本と貿易をしている。 이 회사는 일본과 무역을 하고 있다.

507. 放送(ほうそう) : 방송
➡ このテレビの放送はいろんな人が見ている。 이 텔레비전 방송은 여러 사람이 보고 있다.

508. 法律(ほうりつ) : 법률
➡ 法律は厳しいほどいいと思う人もいる。 법률은 엄할수록 좋다고 생각하는 사람도 있다.

509. 僕(ぼく) : 私의 남자용어
➡ 僕が英語の先生です。 내가 영어 선생님입니다.

510. 星(ほし) : 별
➡ 空に星がたくさんある。 하늘에 별이 많다.

511. ほど : 정도
➡ 日本語は英語ほど難しくない。 일본어는 영어만큼 어렵지 않다.

512. ほとんど : 거의
➡ 昨日はほとんど寝れなかった。 어제는 거의 못 잤다.

513. ほめる : 칭찬하다
→ 成績がよかったので先生にほめられた。성적이 좋아서 선생님에게 칭찬 받았다.

514. 翻訳(ほんやく) : 번역
→ 日本語の翻訳はわりに難しい。일본어 번역은 비교적 어렵다.

(ま)

515. 参(まい)る : 行(い)く・来(く)る의 겸양어
→ 父はもうすぐ参ります。아버지는 이제 곧 오십니다.

516. 負(ま)ける : 패하다
→ 昨日の試合はうちのチームが5対1で負けた。어제 시합은 우리 팀이 5대1로 패했다.

517. まじめ : 성실함
→ 坂本さんはとてもまじめで、親切だ。사카모토 씨는 매우 성실하고, 친절하다.

518. まず : 우선
→ まず、本文から見てみましょう。우선 본문부터 봐 봅시다.

519. または : 또는
→ 現金、または、カードでお払いください。현금, 혹은 카드로 지불해 주세요.

520. 間違(まちが)える : 틀리다
→ 試験の答えを間違えた。시험의 정답을 틀렸다.

521. 間(ま)に合(あ)う : 시간이나 양이 맞다
→ 今出発すると時間に間に合う。지금 출발하면 시간에 맞다.

522. 동사과거형+まま : ~한 채로
→ くつをはいたまま入ってはだめだ。구두를 신은 채로 들어와서는 안 된다.

523. 周(まわ)り : 주변
→ 駅の周りに銀行がない。역 주변에 은행이 없다.

524. 回(まわ)る : 돌다
→ 地球は太陽の周りを回る。지구는 태양의 주위를 돈다.

525. 漫画(まんが) : 만화
→ 子供は漫画が大好きだ。아이는 만화를 매우 좋아한다.

526. 真(ま)ん中(なか) : 한 가운데
→ 真ん中の人が先生だ。한 가운데의 사람이 선생님이다.

(み)

527. 見(み)える : 보이다
→ 晴れて富士山がよく見えた。맑아서 후지산이 잘 보인다.

528. 湖(みずうみ) : 호수
→ 韓国は湖があまりない国だ。한국은 호수가 그다지 없는 나라다.

SJPT 기반 다지기

529. **みそ** : 된장
➡ 日本人は朝ご飯に、みそ汁を食べる。 일본인은 아침밥에 된장국을 먹는다.

530. **見(み)つかる** : 발견되다
➡ 犯人が見つかった。 범인이 발견되었다.

531. **見(み)つける** : 발견하다
➡ コロンブスがアメリカを見つけた。 콜럼부스가 미국을 발견했다.

532. **緑(みどり)** : 초록, 자연
➡ 緑を守ろう。 자연을 지키자.

533. **皆(みな)** : 모두
➡ 皆、外国人です。 모두 외국인입니다.

534. **港(みなと)** : 항구
➡ 横浜は港の町だ。 요코하마는 항구마을이다.

(む)

535. **迎(むか)える** : 환영하다
➡ 部長はお客様を迎えに空港へ行った。 부장님은 손님을 맞이하러 공항에 갔다.

536. **昔(むかし)** : 옛날
➡ 昔、ここは海だったそうだ。 옛날, 여기는 바다였다고 한다.

537. **虫(むし)** : 벌레
➡ 夏は虫が多い。 여름은 벌레가 많다.

538. **息子(むすこ)** : 아들
➡ 私の息子はよくテニスができる。 내 아들은 테니스를 잘 친다.

539. **娘(むすめ)** : 딸
➡ 娘は大学3年生です。 딸은 대학 3학년입니다.

540. **村(むら)** : 마을
➡ この村には日本の昔の文化が残っている。 이 마을에는 일본의 옛날 문화가 남아 있다.

541. **無理(むり)** : 무리
➡ その問題は子供には無理だ。 그 문제는 아이에게는 무리다.

(め)

542. **〜目(め)** : ~째
➡ 2時間目の授業は英語だ。 두 시간째 수업은 영어다.

543. **召(め)し上(あ)がる** : 食(た)べる・飲(の)む의 존경어
➡ どうぞたくさんお召し上がりください。 많이 드십시오.

544. **珍(めずら)しい** : 신기하다
➡ 子供の目には何でも珍しく見えると思う。 아이 눈에는 뭐든지 신기하게 보일 거라고 생각한다.

(も)

545. **申(もう)し上(あ)げる** : 言(い)う의 겸양어

→ お願い申し上げます。 부탁 말씀 올립니다.

546. 申(もう)す : 言(い)う의 겸양어
→ 私は坂本と申します。 저는 사카모토라고 합니다.

547. もうすぐ : 이제 곧
→ もうすぐ会議は終わります。 이제 곧 회의는 끝납니다.

548. もし : 만약
→ もしあなたが先生ならどうしますか。 만약 당신이 선생님이라면 어떻게 할 것입니까?

549. 戻(もど)る : 되돌아오다
→ 送った手紙が戻ってきた。 보낸 편지가 되돌아 왔다.

550. 木綿(もめん) : 목면, 솜
→ このシャツは木綿でできている。 이 셔츠는 목면으로 되어 있다.

551. もらう : 받다
→ この時計は母からもらったものだ。 이 시계는 어머니에게 받은 것이다.

(や)

552. 焼(や)く : 태우다, 굽다
→ 肉を焼いて食べた。 고기를 구워서 먹었다.

553. 役(やく)に立(た)つ : 도움이 되다
→ この辞書は英語の勉強にとても役に立つ。 이 사전은 영어 공부에 상당히 도움이 된다.

554. 約束(やくそく) : 약속
→ 明日5時に会う約束をした。 내일 5시에 만날 약속을 했다.

SJPT 기반 다지기

문법으로 표현익히기

1. 수동
→ 私は母にしかられた。 나는 어머니에게 혼났다.
→ 学校から帰るとき、雨に降られた。 학교에서 돌아올 때, 비를 맞았다.
→ この雑誌は毎月発行される。 이 잡지는 매월 발행된다.

2. 경어

■ 「お+동사ます형+になる」: 존경
→ 先生は何時ごろお帰りになりますか。 선생님은 몇 시경에 돌아오십니까?

■ 「られる」도 존경의 의미를 가지고 있다.
→ あの本、もう読まれましたか。 저 책, 벌써 읽었습니까?

■ 「お+동사ます형+ください」: 존경
→ ここでしばらくお待ちください。 여기서 잠시 기다려 주세요.

■ 한자어에 접두어 「お」: 존경
→ お手紙、ありがとうございます。 편지 고맙습니다.

■ 「お+동사ます형+する」: 겸양
→ これは田中さんにお借りした本です。 이것은 다나까 씨에게 빌린 책입니다.

■ 「お+동사ます형+いたす」: 겸양
→ 先生のお荷物は私がお持ちいたします。 선생님의 짐은 제가 들겠습니다.

■ ~でございます : 「です」의 정중한 표현
→ このくつはイタリア製でございます。 이 구두는 이탈리아 제입니다.

3. 사역

■ 역할·임무제공
→ 私は弟に部屋の掃除をさせた。 나는 남동생에게 방의 청소를 시켰다.

■ 원인제공
→ 妹を泣かせてはいけません。 여동생을 울려서는 안 됩니다.

4. 사역+수동
→ 子どものころ、母にいろいろな野菜を食べさせられた。 어릴 때, 어머니가 먹기 싫은 야채를 억지로 먹게 했다.

5. 동사의 「ず(に)」형태

■ 동사부정형+ず(に) : ~하지 않고
→ あの人は今日、かばんを持たずに家を出ました。 저 사람은 오늘, 가방을 들지 않고 집에서 나왔습니다.

6. 동사의 명령형

■ 1그룹 동사의 「う단」을 「え단」으로 바꿈
→ 早く行け。 빨리 가!

■ 2그룹 동사의 「る」를 빼고 「ろ」를 붙임

→ あれを見ろ。 저것을 봐!

■ 3그룹 동사의 「来る」
→ ここへ来い。 여기로 와!

■ 3그룹 동사의 「する」
→ しっかりしろ。 똑바로 해!

7. 문장의 명사화
■ 「の」가 앞의 문장 전체를 받아 명사절이 된다.
→ あんなところへ行くのはいやです。 저런 곳에 가는 것은 싫습니다.

■ 「こと」가 앞의 문장 전체를 받아 명사절이 된다.
→ 私がここにいることをだれから聞きましたか。 내가 여기에 있는 것을 누구에게 들었습니까?

■ 「ということ」가 앞의 문장 전체를 받아 명사절이 된다.
→ あなたが元気になったということを知って、安心しました。 당신이 건강해졌다는 것을 알고, 안심했습니다.

8. 보조동사
■ 「～ていく」: ~해 가다(상태변화)
→ この研究は卒業後も続けて行くつもりです。 이 연구는 졸업 후에도 계속해 갈 생각입니다.

■ 「～てくる」: ~해 오다(상태변화)
→ だいぶ日本語が上手になってきましたね。 꽤 일본어가 능숙해졌군요.

■ 「～てみる」: ~해 보다
→ 私が作ったこの料理を食べてみてください。 내가 만든 이 요리를 먹어 보세요.

■ 「～てしまう」: ~해 버리다
→ ゆうべ遅く寝たから、今朝は寝坊してしまいました。 어젯밤. 늦게 잤기 때문에, 오늘 아침에는 늦잠을 자 버렸습니다.

■ 「～ておく」: ~해 두다
→ この言葉は大事ですから、よく覚えておいてください。 이 말은 중요하니까, 잘 기억해 두세요.

(2) 조사/지시어

1. 지시어
■ 「こんな」: 이런
→ こんな帽子をかぶるのはどんな人でしょう。 이런 모자를 쓰는 사람은 어떤 사람일까요?

■ 「そんな」: 그런
→ そんなことを言わないでください。 그런 말을 하지 말아주세요.

■ 「あんな」: 저런
→ あんな人はきらいです。 저런 사람은 싫습니다.

■ 「こう」: 이렇게
→ この漢字はこう書きます。 이 한자는 이렇게 씁니다.

SJPT 기반 다지기

■ 「そう」: 그렇게
➡ 彼はもう結婚しているが、そう見えない。 그는 이미 결혼했지만, 그렇게 보이지 않는다.

■ 「ああ」: 저렇게
➡ あの人はいつもああ言います。 저 사람은 항상 저렇게 말합니다.

2. 축약형

■ 「〜ちゃ」=「〜ては」: ~해서는
➡ そんなことをしちゃいけないよ。 그런 일을 해서는 안 된다.

3. 조사

■ 「〜が」: ~가 → 대상
➡ 私はこの本が好きです。 나는 이 책을 좋아합니다.
➡ 私は犬が好きです。 나는 개를 좋아합니다.

■ 「〜が」: ~이(가) → 대상
➡ 像は花が長いです。 코끼리는 코가 깁니다.

■ 「〜までに」: ~까지
➡ 明日は九時までに来てください。 내일은 9시까지 오세요.

※「まで」라고 하면 그 기간(시간)까지 라는 뜻이다. 예를 들면,
➡ 「あさってまで来てください」: 모레까지 오세요. → 모레가면 된다
➡ 「あさってまでに来てください」: 모레까지 오세요. → 내일가도 되고, 모레가도 된다.

■ 「〜も」: ~도, ~(씩)이나 → 예상하는 이상의 정도
➡ 彼はパンを五つも食べました。 그는 빵을 다섯 개나 먹었습니다.

■ 「〜ばかり」: ~뿐, 만 → 한정
➡ この子は毎日テレビばかり見ています。 이 아이는 매일 텔레비전만 보고 있습니다.

■ 「〜でも」: ~라도 → 예시
➡ これなら子どもでもできる。 이거라면 아이라도 할 수 있다.
➡ お茶でも飲もう。 차라도 마시자.

■ 「〜でも」: ~라도, ~든지 → 전면적 긍정
➡ あの人は何でも知っています。 저 사람은 뭐든지 알고 있습니다.

■ 「〜か」: ~지, ~가 → 불확실
➡ 昨日ここへだれが来たか、知っていますか。 어제 여기에 누가 왔는지, 알고 있습니까?

■ 「〜とか」: ~라든다 → 병립, 열거
➡ つくえの上に本とかノートとかがいっぱい置いてあります。 책상 위에 책이라든가 노트(라든가)가 많이 놓여 있습니다.

■ 「〜し」: ~고 → 접속, 열거
➡ あの人は頭もいいし、体も丈夫です。 저 사람은 머리도 좋고, 몸도 튼튼합니다.

■ 「〜ので」: ~ 때문에 → 이유
➡ 昨日は頭が痛かったので、薬を飲んで寝ていました。 어제는 머리가 아파서, 약을 먹고 잤

습니다.

- **「〜のに」: ~인데도 불구하고 → 역설**
  ➡ 雨が降っているのに、彼は傘をささずに歩いている。 비가 내리고 있는데도, 그는 우산을 쓰지 않고 걷고 있다.

- **「〜の」: ~하니? → 의문**
  ➡ あなたも一緒に行くの。 당신도 함께 가니?

- **「〜だい」: ~거야? → 가벼운 의문**
  ➡ どうしたんだい。 어떻게 된 거야?

- **「〜かい」: ~할래? → 가벼운 의문**
  ➡ このウイスキー、飲むかい。 이 위스키 마실래?

- **「동사기본형+な」: 강한 금지**
  ➡ あの部屋には入るな。 저 방에는 들어가지 마!

4. 접미어

- **형용사 어간+さ : 명사화**
  ➡ この暑さは普通ではない。 이 더위는 보통이 아니다.

- **な형용사 어간+さ : 명사화**
  ➡ にぎやかさではここがいちばんだ。 번화함으로는 이곳이 최고다.

- **명사+らしい : ~답다**
  ➡ あの人はほんとうに男らしい人だと思います。 저 사람은 정말로 남자다운 사람이라고 생각

합니다.

- **い형용사 어간+がる : ~어 하다**
  ➡ 子どもは甘いものをほしがる。 아이는 단 것을 원하고 있다.

- **な형용사 어간+がる : ~어 하다**
  ➡ 学生はテストをいやがる。 학생은 테스트를 싫어한다.

- **동사ます형+たがる : ~싶어 하다 → 제3자의 희망**
  ➡ あんな寒いところへはだれも行きたがらないだろう。 저런 추운 곳에는 아무도 가고 싶어하지 않을 것이다.

(3) 표현의도

1. 의지

- **동사 의지형+と思(おも)う : ~하려고 생각하다**
  ➡ 私は国へ帰ろうと思います。 나는 고향에 돌아가려고 생각합니다.

- **〜つもり : ~할 생각, 작정, 의도**
  ➡ 私は将来建築会社に勤めるつもりです。 나는 장래에 건축회사에 근무할 생각입니다.

- **동사 의지형+とする : ~하려고 하다**
  ➡ 彼は何をしようとしているのですか。 그는 무엇을 하려고 하고 있는 것입니까?

SJPT 기반 다지기

- **동사 기본형+ことにする : ~하기로 하다**
  → 私は毎日ジョギングをすることにしています。 나는 매일 조깅을 하려고 합니다.

- **~にする : ~으로 하다**
  → 私はカレーライスにします。 나는 카레라이스로 하겠습니다.

2. 의뢰

- **お+동사ます형+ください : 정중한 명령의 의미**
  → ここでしばらくお待ちください。 여기서 잠시 기다려 주세요.

- **동사 사역형+て+ください : 자기의 행위에 대해서 허가를 구함**
  → 明日学校を休ませてください。 내일 쉬게 해 주세요.

3. 인용

- **~と言(い)う : ~라고 말하다**
  → 私は坂本さんに「おはよう。」と言いました。 나는 사카모토 씨에게 「안녕하세요」 라고 말했습니다.

4. 개시

- **동사ます형+はじめる : ~하기 시작하다**
  → ゆうべ8時ごろから雨が降りはじめました。 어젯밤 8시 경부터 비가 내리기 시작했습니다.

- **동사ます형+だす : (갑자기)~하기 시작하다**
  → その子は急に泣きだしました。 그 아이는 갑자기 울기 시작했습니다.

5. 과도

- **동사ます형+すぎる : 지나치게~하다**
  → お酒を飲みすぎて、気分が悪くなった。 과음해서 컨디션이 나빠졌다.

6. 가능

- **동사기본형+ことが できる : ~할 수가 있다**
  → あなたは英語で手紙を書くことができますか。 당신은 영어로 편지를 쓸 수가 있습니까?

※ 1그룹 동사 「う단」을 「え단」으로 바꾸어 「る」를 붙이면 가능동사가 된다.
  → 私は中国語が話せます。 나는 중국어를 할 수 있습니다.

7. 권고

- **동사 과거형+ほうがいい : ~하는 편이 좋다**
  → 今日は早く家へ帰ったほうがいいですよ。 오늘은 빨리 집에 돌아가는 편이 좋습니다.

8. 의무

- **동사부정형+なければならない : ~해야(만) 한다**
  → 部屋代はいつまでに払わなければなりませんか。 방 값은 언제까지 지불해야만 합니까?

- **~てはいけません : ~해서는 안 됩니다**
  → 宿題は必ずしなくてはいけませんよ。 숙제는 반드시 해야만 합니다.

9. 허가

- **~てもいいです : ~해도 좋습니다**

➡ 試験が終わった人は帰ってもいいです。시험이 끝난 사람은 돌아가도 좋습니다.

■ ~てもかまいません : ~해도 상관없습니다
➡ テレビを見たい人は見てもかまいません。텔레비전을 보고 싶은 사람은 봐도 상관없습니다.

10. 금지

■ ~てはいけません : ~해서는 안 됩니다
➡ あなたはまだ子どもだから、タバコを吸ってはいけません。당신은 아직 어리니, 담배를 피워서는 안 됩니다.

11. 경험의 유무

■ 동사 과거형 + ことがある : ~한 적이 있다
➡ 私は一度アフリカへ行ったことがあります。나는 한 번 아프리카에 간 적이 있습니다.

■ 동사 과거형 + ことがない : ~한 적이 없다
➡ 私は一度もスキーをしたことがありません。나는 한 번도 스키를 탄 적이 없습니다.

12. 계속

■ 동사 ます형 + つづける : 계속 ~하다
➡ 長い間本を読みつづけていると、目が痛くなる。오랜 시간 책을 계속 읽으면, 눈이 아파진다.

13. 종료

■ 동사 ます형 + おわる : ~하는 것을 끝내다
➡ 晩ご飯を食べ終わってから、みんなでドライブをした。저녁밥을 전부 먹고 나서, 다 같이 드라이브를 했다.

14. 수급

■ やる : 내가 손아랫사람, 동년배, 동·식물에게 무엇을 주다
➡ 私は弟の誕生日にボールペンをやりました。나는 남동생 생일에 볼펜을 주었습니다.

■ ~てやる : 내가 손아랫사람, 동년배에게 무엇을 해 주다
➡ 私は妹に数学を教えてやりました。나는 여동생에게 수학을 가르쳐 주었습니다.

■ あげる : やる의 겸양어
➡ あなたは小林さんに何をあげましたか。당신은 코바야시 씨에게 무엇을 주었습니까?

■ ~てあげる : ~てやる의 겸양어
➡ 荷物はあとで送ってあげます。짐은 나중에 보내 드리겠습니다.

■ さしあげる : やる의 겸양어
➡ この山の写真は田中先生にさしあげるつもりです。이 산의 사진은 다나까 선생님에게 드릴 생각입니다.

■ ~てさしあげる : ~てやる의 겸양어
➡ 分かりにくいところですから、地図を描いてさしあげましょう。알기 어려운 곳이니, 지도를 그려 드리지요.

■ くれる : 남이 나에게 무엇을 주다
➡ この時計は兄がくれたものです。이 시계는 형이 준 것입니다.

SJPT 기반 다지기

■ **~てくれる : 남이 나에게 무엇을 해 주다**
➡ このセーターを編んでくれたのは妹です。 이 스웨터를 짠 준 것은 여동생입니다.

■ **くださる : くれる의 존경어**
➡ これは山本先生がくださった辞書です。 이것은 야마모토 선생님이 주신 사전입니다.

■ **~てくださる : ~てくれる의 존경어**
➡ 昨日は坂本さんが東京を案内してくださいました。 어제는 사카모토 씨가 도쿄를 안내해 주셨습니다.

■ **もらう : 받다**
➡ 去年の誕生日にはどんなものをもらいましたか。 작년 생일에는 어떤 것을 받았습니까?

■ **~てもらう : ~해 받다**
➡ 分からないことがあるときは、先輩に教えてもらいます。 모르는 것이 있을 때는, 선배에게 가르쳐 받습니다.

■ **いただく : もらう의 겸양어**
➡ 私はあの方から一度お手紙をいただいたことがあります。 나는 저 분으로부터 한 번 편지를 받은 적이 있습니다.

■ **~ていただく : ~てもらう의 겸양어**
➡ これは先生に教えていただきました。 이것은 선생님에게 가르쳐 받았습니다.

15. 조건

■ **동사의 「う단」을 「え단」으로 바꾸어 「ば」를 붙이면 가정형**
➡ 時間があれば行きます。 시간이 있으면 갑니다.

■ **동사의 과거형에 「ら」를 붙이면 가정형**
➡ 雨がふったら行きません。 비가 내리면 안 갑니다.

■ **명사+なら : 가정형**
➡ 明日いい天気なら、山へ行きます。 내일 날씨가 좋으면 산에 갑니다.

■ **동사 기본형+と : 가정형 →자연현상(당연한 결과)**
➡ 春になると、暖かくなる。 봄이 되면 따뜻해진다.

■ **명사・な형용사+だと : 가정형**
➡ 明日いい天気だといいね。 내일 좋은 날씨라면 좋겠군.

■ **발견의 「と」 : ~하니(까), ~하자**
➡ 窓を開けると、雪がふっていた。 창문을 열자 눈이 내리고 있었다.

16. 상태의 방지

■ **동사 과거형+まま : ~한 채로**
➡ 弟はめがねをかけたまま寝ています。 남동생은 안경을 쓴 채로 자고 있습니다.

17. 양보

■ **동사음편형+ても(でも) : ~해도**
➡ このような言葉は辞書を引いても、分かり

ません. 이러한 말은 사전을 찾아도 모릅니다.

■ 명사+でも : ~라도
➡ 明日は雨でも、出かけます。 내일은 비가 내려도 외출합니다.

■ どんな～ても(でも) : 어떠한~라도(해도)
➡ 私は、どんなことがあっても、あなたのことは忘れません。 나는 어떤 일이 있어도 당신을 잊지 못합니다.

18. 추량·확률

■ ～だろう : ~일 것이다
➡ 彼女は美人だろう。 그녀는 미인일 것이다.

■ ～だろうと思(おも)う : ~일 것이라고 생각한다
➡ こんどの試験は難しいだろうと思います。 이번 시험은 어려울 것이라고 생각합니다.

■ ～らしい : ~인(할)것 같다
➡ あべさんは昨日たいわんへ行ったらしいです。 아베 씨는 어제 대만에 간 것 같습니다.

■ ～かもしれない : ~일지도 모른다
➡ 彼は来年日本へ来るかもしれません。 그는 내년에 일본에 올지도 모릅니다.

■ ～はずだ : 틀림없이~일 것이다
➡ その本はあのつくえの中にあるはずですよ。 그 책은 저 책상 안에 틀림없이 있을 것입니다.

■ ～はずがない : ~할 리가 없다
➡ 彼がここへ来るはずがありません。 그가 여기에 올 리가 없습니다.

■ ～ようだ : ~인(한) 것 같다
➡ 坂本さんはもう寝たようです。 사카모토 씨는 벌써 잔 것 같습니다.

19. 전문

■ ～によると…そうだ : ~에 의하면…라고 한다
➡ 天気予報によると、明日は大雪になるそうです。 일기예보에 의하면 내일은 큰 눈이 내린다고 합니다.

20. 난이

■ 동사ます형+やすい : ~하기 편하다 ➡ 용이
➡ このくつは歩きやすい。 이 신발은 걷기 편하다.

■ 동사ます형+やすい : ~하기 쉽다 ➡ 경향
➡ 冬は風邪を引きやすい。 겨울은 감기 들기 쉽다.

■ 동사ます형+にくい : ~하기 어렵다, ~하는데 불편하다
➡ このペンは書きにくい。 이 펜은 쓰기에 불편하다.

21. 비교

■ ～より : ~보다
➡ この本はあの本より難しいです。 이 책은 저 책보다 어렵습니다.

SJPT 기반 다지기

■ ~より…ほうが : ~보다…쪽이
➡ あの店よりこの店のほうがいいです。 저 가게보다 이 가게 쪽이 좋습니다.

■ ~と…とどちらが : ~와(과)…중에서 어느 쪽이
➡ 牛肉と豚肉とどちらが高いですか。 소고기와 돼지고기 중에서 어느 쪽이 비쌉니까?

■ ~ほうが : ~쪽이
➡ 牛肉のほうが高いです。 소고기 쪽이 비쌉니다.

■ ~ほど…ない : ~만큼…하지 않다
➡ ヘリコプターは飛行機ほど速くないです。 헬리콥터는 비행기만큼 빠르지 않습니다.

22. 비유·상황

■ ~ようだ : ~같다
➡ 父は子どものようです。 아버지는 아이 같습니다.

■ 명사+のような : ~와(과) 같은
➡ 彼女は赤ん坊のような手をしています。 그녀는 아기와 같은 손을 가지고 있습니다.

■ 동사+ような : ~같은
➡ 彼はまるでお酒でも飲んだような赤い顔をしていました。 그는 마치 술이라도 마신 것 같은 빨간 얼굴을 하고 있었습니다.

23. 불필요

■ ~なくてもいいです : ~안 해도 좋습니다
➡ 日曜日には学校へ行かなくてもいいです。 일요일에는 학교에 안 가도 좋습니다.

■ ~なくてもかまいません : ~않아도 상관없습니다
➡ この部屋は掃除をしなくてもかまいません。 이 방은 청소를 하지 않아도 상관없습니다.

24. 방법

■ 동사ます형+方(かた) : ~하는 방법
➡ この料理の作り方を教えてください。 이 요리의 만드는 방법을 가르쳐 주세요.

25. 명령

■ 동사ます형+なさい : ~해라
➡ 食後にこの薬を飲みなさい。 식후에 이 약을 먹어라.

26. 목적

■ ~ために : ~위해
➡ 彼は大学に入るため、一生懸命勉強しています。 그는 대학에 들어가기 위해 열심히 공부하고 있습니다.

27. 양태

■ 동사ます형+そうだ : ~할 것 같다
➡ 雨が降りそうです。 비가 내릴 것 같습니다.

■ 형용사 어간+そうだ : ~같다
➡ おいしそうなりんごです。 먹음직스러운 사과입니다.

28. 이유

■ **~ために** : ~때문에
➡ 事故のため、電車が遅れました。 사고 때문에 전철이 늦었습니다.

29. 그 외

■ **音(おと)がする** : 소리가 나다
➡ 台所で大きい音がした。 부엌에서 큰 소리가 났다.

■ **においがする** : 냄새가 나다
➡ この花はいいにおいがする。 이 꽃은 좋은 냄새가 난다.

■ **동사 기본형+ことがある** : ~하는 일이 있다
➡ あの人はときどき学校を休むことがあります。 저 사람은 때때로 학교를 쉬는 일이 있습니다.

■ **동사 기본형+ことになる** : ~하게 되다(방침, 규정)
➡ この学校では2か月に一度試験をすることになっている。 이 학교에서는 2개월에 한 번 시험을 치르게 되어 있다.

■ **~のだ** : ~것이다
➡ あなたはゆうべどこへ行っていたのですか。 당신은 어젯밤 어디에 갔던 것입니까?

■ **~かどうか** : ~인지 아닌지
➡ 坂本さんが帰国したかどうか、知っていますか。 사카모토 씨가 귀국했는지 어떤지 알고 있습니까?

■ **~ように言(い)う** : ~하도록 말하다
➡ あの人にあまり心配しないように言ってください。 저 사람에게 그다지 걱정하지 않도록 말해 주세요.

■ **~ようにする** : ~하도록 하다
➡ 傘を忘れないようにしてください。 우산을 잊지 않도록 해 주세요.

■ **~ようになる** : ~하게 되다
➡ 日本語が少し分かるようになりました。 일본어를 조금 알게 되었습니다.

■ **동사기본형+ところだ** : ~할 참이다
➡ 私はこれから学校へ行くところです。 나는 지금 학교에 갈 참입니다.

■ **~ているところだ** : ~하고 있는 참이다(중이다)
➡ 私は今、日本史の本を読んでいるところです。 나는 지금 일본 역사책을 읽고 있는 중입니다.

PART 1 자기소개
PART 2 간단한 응답
PART 3 신속한 응답
PART 4 짧은 응답
PART 5 긴 응답
PART 6 장면 설정
PART 7 연속된 그림

PART 1
자기소개

유형 파악	이 파트는 매회 같은 문제가 출제된다. 따라서 정해진 질문에 대해, 학습자가 미리 준비한 대답을 정확하게, 자신감을 가지고 대답하면 된다. 2부 이후부터 출제되는 문제에 대한 워밍업 과정이므로 긴장감을 풀고 일본어로 대답할 수 있는 준비를 해 두자.
문항 수	4문제
준비 시간	0초
답변 시간	10초

PART 1 한 눈에 보기

ここでは4つの問題について質問されます。発信音がなったら各問題に答えてください。
では、始めます。

問題 1 お名前は何とおっしゃいますか。

🎵 発信音 ➡ 🎤 回答時間 00:00:10 ➡ 🔊 終わりです

01 이름
이름을 묻는다.

問題 2 どこに住んでいますか。

🎵 発信音 ➡ 🎤 回答時間 00:00:10 ➡ 🔊 終わりです

02 거주지
거주지를 묻는다.

問題 3 誕生日はいつですか。

🎵 発信音 ➡ 🎤 回答時間 00:00:10 ➡ 🔊 終わりです

03 생일
생일을 묻는다.

問題 4 趣味は何ですか。

🎵 発信音 ➡ 🎤 回答時間 00:00:10 ➡ 🔊 終わりです

04 취미
취미를 묻는다.

UNIT 1

 ここでは 4 つの問題について質問されます。発信音がなったら各問題に答えてください。では、始めます。

問題1　お名前は何とおっしゃいますか。

問題2　どこに住んでいますか。

問題3　誕生日はいつですか。

問題4　趣味は何ですか。

UNIT 1 응답의 예

問題 1　お名前は何とおっしゃいますか。　P1_U1_01

응답의 예

예1	リです。
예2	リと申します。
예3	リジフです。

Q 성함은 어떻게 되십니까?
1 이입니다.
2 이라고 합니다.
3 이지후입니다.

어휘　お名前 이름, 성명　何と 뭐라고　おっしゃる 「言う-말하다」의 존경어　申す 「言う-말하다」의 겸양표현

問題 2　どこに住んでいますか。　P1_U1_02

응답의 예

예1	ヨンド区です。
예2	プサンのヨンド区に住んでいます。
예3	会社がヨンド区にあって、そこに住んでいます。

Q 어디에 살고 있습니까?
1 영도구입니다.
2 부산 영도구에 살고 있습니다.
3 회사가 영도구에 있어서 거기서 살고 있습니다.

어휘　~に住む ~에(서) 살다(거주하다)　区 구　会社 회사

問題 3　誕生日はいつですか。

응답의 예

예1	２月５日です。
예2	１９７９年２月５日です。
예3	１９７９年２月５日が誕生日で、未年です。

Q　생일은 언제입니까?
1　2월 5일입니다.
2　1979년 2월 5일입니다.
3.　1979년 2월 5일이 생일이고 양띠입니다.

어휘　誕生日 생일　未年 양띠

問題 4　趣味は何ですか。

응답의 예

예1	スポーツです。
예2	スポーツです。特にサッカーが好きです。
예3	スポーツです。特にサッカーに興味があります。

Q　취미는 무엇입니까?
1　스포츠입니다.
2　스포츠입니다. 특히 축구를 좋아합니다.
3　스포츠입니다. 특히 축구에 흥미가 있습니다.

어휘　趣味 취미　特に 특히　サッカー 축구　好きだ 좋아하다　興味 흥미

PART 2
간단한 응답

유형 파악	이 파트는 지시된 그림에 관한, 간단한 질문에 대해서 대답을 하는 문제가 출제된다. 답변 시간이 짧으므로, 제시된 그림에 대해서 간략하고, 정확하게 말하는 것이 포인트이다. 자주 묻는 질문은 숫자, 사물, 기초수준의 형용사, 기초수준의 동사이다. 일상생활에서 일어날 수 있는 상황에 대해서 대처를 잘 할 수 있는가를 묻는 문제가 출제되지만, 난이도는 높지 않다.
문항 수	4문제
준비 시간	3초
답변 시간	6초

PART 2 한 눈에 보기

 ここでは4つの問題について質問されます。この問題は、絵を見ながら簡単な質問に答える問題です。まず、絵を見ながら問題を聞いてください。発信音の後の応答時間は6秒です。では、始めます。

問題1　これは何ですか。

UNIT 2

 ここでは十の問題について質問されます。この問題は、絵を見ながら簡単な質問に答える問題です。まず、絵を見ながら問題を聞いてください。発信音の後の応答時間は6秒です。では、始めます。

問題1 これは何ですか。

 発信音 ⇒ 回答時間 00:00:06 ⇒ 終わりです

問題2 これは何ですか。

発信音 ⇒ 回答時間 00:00:06 ⇒ 終わりです

UNIT 2

問題3 これは何ですか。

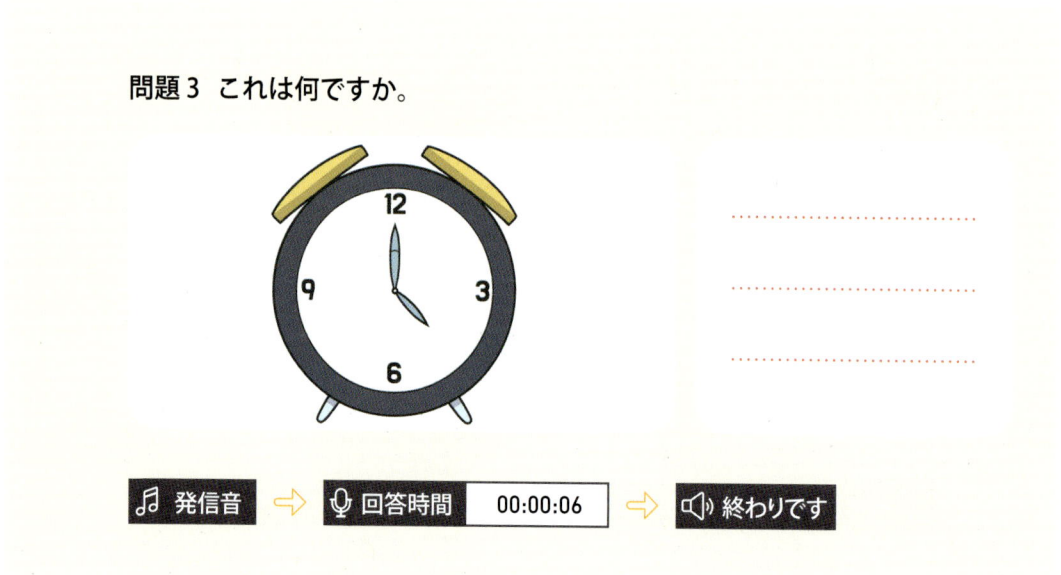

問題4 これは何ですか。

問題5　これは何ですか。

 発信音　⇒　 回答時間　00:00:06　⇒　終わりです

問題6　これは何ですか。

 発信音　⇒　 回答時間　00:00:06　⇒　終わりです

UNIT 2

問題7　これは何ですか。

問題8　これは何ですか。

問題 9　これは何ですか。

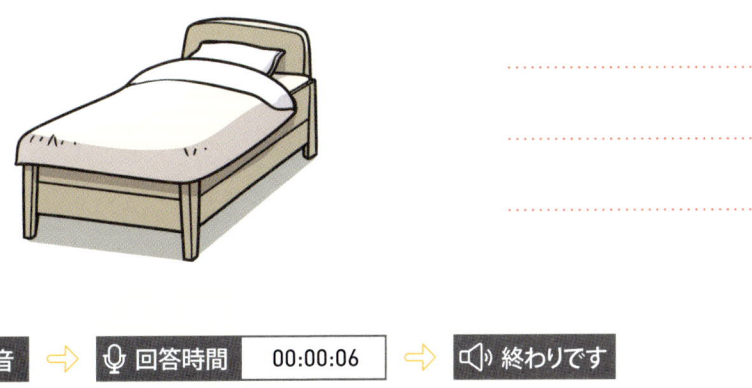

発信音 ⇒ 回答時間 00:00:06 ⇒ 終わりです

問題 10　これは何ですか。

発信音 ⇒ 回答時間 00:00:06 ⇒ 終わりです

UNIT 2 응답의 예

問題 1　これは何ですか。

응답의 예

예1	電話です。
예2	電話です。他人に連絡する時に使います。
예3	電話です。他人に連絡する時やメールを送る時などに使います。

Q　이것은 무엇입니까?
1　전화입니다.
2　전화입니다. 다른 사람에게 연락할 때에 사용합니다.
3　전화입니다. 다른 사람에게 연락할 때랑 문자를 보낼 때 등에 사용합니다.

어휘　何 무엇　電話 전화　他人 타인　連絡 연락　時 때　使う 사용하다　～や ～랑　メール 메일, 문자　送る 보내다

問題 2　これは何ですか。

응답의 예

예1	掃除機です。
예2	掃除機です。掃除をする時に使います。
예3	掃除機です。一週間に一回は、これを使って大掃除をします。

Q　이것은 무엇입니까?
1　청소기입니다.
2　청소기입니다. 청소를 할 때에 사용합니다.
3　청소기입니다. 일주일에 한 번은 이것을 사용해서 대청소를 합니다.

어휘　掃除機 청소기　一週間 일주일　一回 한 번　大掃除 대청소

問題 3　これは何ですか。

응답의 예

예1	時計です。
예2	時計です。時間が知りたい時、これを見ます。
예3	時計です。携帯電話にもこれがついています。

Q　이것은 무엇입니까?
1　시계입니다.
2　시계입니다. 시간을 알고 싶을 때, 이것을 봅니다.
3　시계입니다. 휴대전화에도 이것이 붙어 있습니다.

어휘　時計 시계　時間 시간　知る 알다　携帯電話 휴대전화　つく 붙다

問題 4　これは何ですか。

응답의 예

예1	郵便局です。
예2	郵便局です。手紙を送る時、利用します。
예3	郵便局です。手紙や小包などを送る時、利用します。

Q　이것은 무엇입니까?
1　우체국입니다.
2　우체국입니다. 편지를 부칠 때 이용합니다.
3　우체국입니다. 편지랑 소포 등을 부칠 때 이용합니다.

어휘　郵便局 우체국　手紙 편지　送る 보내다　利用 이용　小包 소포　など 등

UNIT 2 응답의 예

問題 5 これは何ですか。　　　　　　　　　　　　P2_U2_05

응답의 예

예1	果物です。
예2	果物です。リンゴとぶどうです。
예3	果物です。ご飯を食べた後はよく食べます。

Q 이것은 무엇입니까?
1 과일입니다.
2 과일입니다. 사과와 포도입니다.
3 과일입니다. 밥을 먹은 뒤는 자주 먹습니다.

어휘　果物 과일　リンゴ 사과　ぶどう 포도　ご飯 밥　食べる 먹다　後 후, 뒤　よく 자주

問題 6 これは何ですか。　　　　　　　　　　　　P2_U2_06

응답의 예

예1	辞書です。
예2	辞書です。知らない単語がある時、使います。
예3	辞書です。知らない単語があったらよく引いてみます。

Q 이것은 무엇입니까?
1 사전입니다.
2 사전입니다. 모르는 단어가 있을때, 사용합니다.
3 사전입니다. 모르는 단어가 있으면 자주 살펴 봅니다.

어휘　辞書 사전　知る 알다　単語 단어　引く (사전을) 보다

問題7　これは何ですか。

응답의 예

예1	コップです。
예2	コップです。水を飲む時、使います。
예3	コップです。水を飲む時やコーヒーを飲む時などに使います。

Q　이것은 무엇입니까?
1　컵입니다.
2　컵입니다. 물을 마실 때 사용합니다.
3　컵입니다. 물을 마실 때랑 커피를 마실 때 등에 사용합니다.

어휘　コップ 컵　水 물　飲む 마시다　コーヒー 커피

問題8　これは何ですか。

응답의 예

예1	ソファーです。
예2	ソファーです。座る時に使います。
예3	ソファーです。座る時やゆっくり休む時などに使います。

Q　이것은 무엇입니까?
1　소파입니다.
2　소파입니다. 앉을 때에 사용합니다.
3　소파입니다. 앉을 때랑 푹 쉴 때 등에 사용합니다.

어휘　ソファー 소파　座る 앉다　ゆっくり 푹, 천천히　休む 쉬다

UNIT 2 응답의 예

問題 9 これは何ですか。

응답의 예

예1	ベッドです。
예2	ベッドです。寝る時に使います。
예3	ベッドです。この上で横になってテレビを見る時もあります。

Q 이것은 무엇입니까?
1 침대입니다.
2 침대입니다. 잘 때에 사용합니다.
3 침대입니다. 이 위에서 누워서 텔레비전을 볼때도 있습니다.

어휘 ベッド 침대 寝る 자다 上 위 横になる 눕다 テレビ 텔레비전

問題 10 これは何ですか。

응답의 예

예1	ナイフです。
예2	ナイフです。料理をする時に使います。
예3	ナイフです。料理をする時や野菜を切る時などに使います。

Q 이것은 무엇입니까?
1 칼입니다.
2 칼입니다. 요리를 할 때에 사용합니다.
3 칼입니다. 요리를 할 때랑 야채를 자를 때 등에 사용합니다.

어휘 ナイフ 칼 料理 요리 野菜 야채 切る 자르다

UNIT 3

 ここでは十の問題について質問されます。この問題は、絵を見ながら簡単な質問に答える問題です。まず、絵を見ながら問題を聞いてください。発信音の後の応答時間は6秒です。では、始めます。

問題1　今何時ですか。

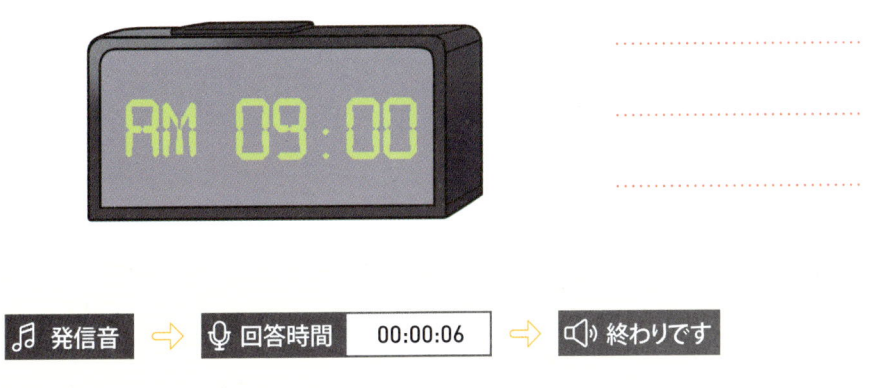

問題2　鉛筆はいくつありますか。

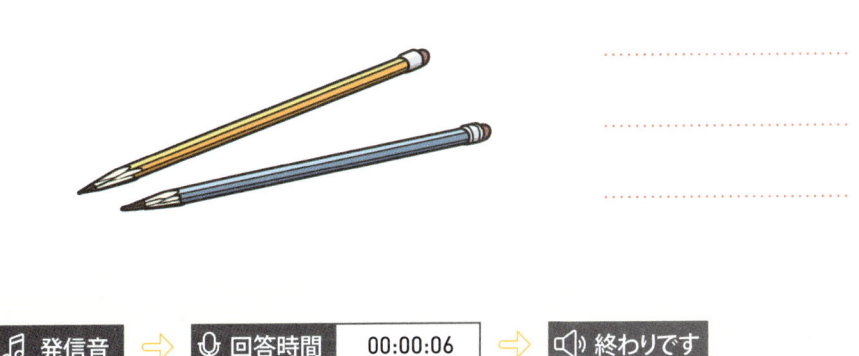

UNIT 3

問題3 鳥は何羽いますか。

 発信音 ⇒ 回答時間 00:00:06 ⇒ 終わりです

問題4 絵葉書はいくらですか。

 発信音 ⇒ 回答時間 00:00:06 ⇒ 終わりです

問題5　今日は何月何日ですか。

 発信音　⇒　🎤 回答時間　00:00:06　⇒　 終わりです

問題6　卒業式はいつですか。

 発信音　⇒　🎤 回答時間　00:00:06　⇒　 終わりです

UNIT 3

問題7 帽子はどこにありますか。

問題8 猫はどこにいますか。

問題9　事務所の中に誰がいますか。

問題10　プールに誰がいますか。

UNIT 3 응답의 예

問題1　今何時ですか。

응답의 예

예1	9時です。
예2	今午前9時です。
예3	今ちょうど午前9時です。

Q 지금 몇 시입니까?
1 9시입니다.
2 지금 오전 9시입니다.
3 지금 정각 오전 9시입니다.

어휘　今 지금　何時 몇 시　9時 시　午前 오전　ちょうど 정각

問題2　鉛筆はいくつありますか。

응답의 예

예1	2本あります。
예2	鉛筆は2本あります。
예3	鉛筆が2本置いてあります。

Q 연필은 몇 개 있습니까?
1 두 자루 있습니다.
2 연필은 두 자루 있습니다.
3 연필이 두 자루 놓여 있습니다.

어휘　鉛筆 연필　いくつ 몇 개　2本 두 자루　置く 놓다, 두다　타동사+~てある 상태표현

問題 3　鳥は何羽いますか。

응답의 예

예1	一羽います。
예2	鳥は一羽います。
예3	鳥かごの中に鳥が一羽います。

Q　새는 몇 마리 있습니까?
1　한 마리 있습니다.
2　새는 한 마리 있습니다.
3　새장 안에 새가 한 마리 있습니다.

어휘　鳥 새　何羽 몇 마리(새를 세는 단위)　一羽 한 마리　鳥かご 새장　中 안

問題 4　絵葉書はいくらですか。

응답의 예

예1	百五十円です。
예2	絵葉書は百五十円です。
예3	絵葉書は一枚百五十円です。

Q　그림엽서는 얼마입니까?
1　150엔입니다.
2　그림엽서는 150엔입니다.
3　그림엽서는 한 장 150엔입니다.

어휘　絵葉書 그림엽서　百五十円 150엔　一枚 한 장

UNIT 3 응답의 예

問題 5　今日は何月何日ですか。

응답의 예

예1	４月５日です。
예2	今日は４月５日です。
예3	今日は４月５日で水曜日です。

Q　오늘은 몇 월 며칠입니까?
1　4월 5일입니다.
2　오늘은 4월 5일입니다
3　오늘은 4월 5일이고 수요일입니다.

어휘　今日 오늘　何月 몇 월　何日 며칠　水曜日 수요일

問題 6　卒業式はいつですか。

응답의 예

예1	２０２０年３月２５日です。
예2	卒業式は２０２０年３月２５日です。
예3	卒業式は２０２０年３月２５日で、金曜日です。

Q　졸업식은 언제입니까?
1　2020년 3월 25일입니다.
2　졸업식은 2020년 3월 25일입니다.
3　졸업식은 2020년 3월 25일이고, 금요일입니다.

어휘　卒業式 졸업식　金曜日 금요일

問題 7 帽子はどこにありますか。

응답의 예

예1	テーブルの右です。
예2	テーブルの右の上に帽子があります。
예3	テーブルの上にありますが、本の右のほうにあります。

Q 모자는 어디에 있습니까?
1 테이블의 오른쪽입니다.
2 테이블 오른쪽 위에 모자가 있습니다.
3 테이블 위에 있습니다만, 책의 오른쪽에 있습니다.

어휘 帽子 모자 右 오른쪽 上 위 ほう 쪽

問題 8 猫はどこにいますか。

응답의 예

예1	屋根の上にいます。
예2	猫は屋根の上にいます。
예3	屋根の上に猫が一匹います。

Q 고양이는 어디에 있습니까?
1 지붕 위에 있습니다.
2 고양이는 지붕 위에 있습니다.
3 지붕 위에 고양이가 한 마리 있습니다.

어휘 猫 고양이 屋根 지붕 上 위 一匹 한 마리

UNIT 3 응답의 예

問題 9　事務所の中に誰がいますか。 P2_U3_09

응답의 예

예1	社員がいます。
예2	事務所の中には社員が三人います。
예3	事務所の中には男の社員が一人、女の社員が二人います。

Q　사무실 안에 누가 있습니까?
1　사원이 있습니다.
2　사무실 안에는 사원이 세 명 있습니다.
3　사무실 안에는 남자 사원이 한 명, 여자 사원이 두 명 있습니다.

어휘　事務所 사무실　中 안　誰 누구　社員 사원　三人 세 명　男の社員 남자사원　一人 한 명
　　　　女の社員 여자사원　二人 두 명

問題 10　プールに誰がいますか。 P2_U3_10

응답의 예

예1	先生と生徒です。
예2	水泳の先生と生徒がいます。
예3	水泳の先生と生徒がいますが、水泳を教えているようです。

Q　풀장에 누가 있습니까?
1　선생님과 학생입니다.
2　수영 선생님과 학생이 있습니다.
3　수영 선생님과 학생이 있습니다만, 수영을 가르치고 있는 것 같습니다.

어휘　プール 풀장　誰 누구　先生 선생님　生徒 학생　水泳 수영　教える 가르치다

PART 3
신속한 응답

유형 파악	이 파트는 일상생활이 문제의 배경이 된다. 그림을 보고 상대방의 질문에 대해서 빠르게 그 상황에 맞는 응답을 하는 것인데, 평소에 일어날 수 있는 상황에 대해서 대처할 수 있는지를 문제이기 때문에, 응답을 준비하는 시간은 아주 짧은 2초에 불과하다. 그리고, 질문하는 사람이 윗사람인지 친구인지, 아랫사람인지에 따라서 보통어(반말), 존경어, 정중어를 선택해서 사용해야 한다. 그렇게 어려운 질문은 출제되지 않지만, 수험자의 순발력을 요구하는 것이므로, 본 교재에 제시된 표현익히기를 정확하게 알아두면 도움이 될 것이다.
문항 수	5문제
준비 시간	2초
답변 시간	15초

PART 3 한 눈에 보기

 この問題は短い対話形式で行われます。場面を表す絵がありますから、その絵を見ながら、話し相手が対話を始めるところを聞いてください。発信音がなったら、相手の言ったことに対して応答してください。発信音の後の応答時間は１５秒です。では、始めます。

問題１ 雨が降っていますね。すみませんが、傘を貸していただけませんか。

この問題は短い対話形式で行われます。場面を表す絵がありますから、その絵を見ながら、話し相手が対話を始めるところを聞いてください。発信音がなったら、相手の言ったことに対して応答してください。発信音の後の応答時間は１５秒です。では、始めます。

問題1　坂本君、ちょっと辞書を貸してくれない？

問題2　ケンちゃん、遅くまでテレビを見ないで早く寝なさい。

UNIT 4

問題3 坂本さん、ちょっと休みましょうか。

問題4 明日、7時にデパートの前で会いましょう。

問題5 もし、明日雨が降ったらどうしますか。

問題6 部長からこの仕事を頼まれたけど、私の力では無理だと思います。

UNIT 4

問題7 あのう、すみません。トイレはどこですか。

🎵 発信音 ⇒ 🎤 回答時間 00:00:15 ⇒ 🔊 終わりです

問題8 あのう、ここで騒いではいけませんよ。

🎵 発信音 ⇒ 🎤 回答時間 00:00:15 ⇒ 🔊 終わりです

問題 9 わたくしはイロハ商事の坂本と申します。隅田部長、お願いします。

問題 10 すみません。風邪薬はどこですか。

UNIT 4 응답의 예

問題 1　坂本君、ちょっと辞書を貸してくれない？　P3_U4_01

응답의 예

예1	うん、いいよ。どうぞ。
예2	わかった。後で返してね。
예3	うん、いいよ。私も後で使うからすぐ返してね。

Q　사카모토 군, 잠시 사전을 빌려주지 않을래?
1　응, 좋아. 여기 있어.
2　알았어. 나중에 돌려줘.
3　응, 좋아. 나도 나중에 사용하니 바로 돌려줘.

어휘　君 군　ちょっと 잠시　辞書 사전　貸す 빌려주다　~てくれない ~해 주지 않을래　後で 나중에　返す 돌려주다　使う 사용하다　すぐ 바로

問題 2　ケンちゃん、遅くまでテレビを見ないで早く寝なさい。　P3_U4_02

응답의 예

예1	はい、わかりました。すぐ寝ます。
예2	お母さん、もうちょっと見てから寝ます。
예3	お母さん、これは好きな番組なのでもう少し見てから寝ます。

Q　켄 짱, 늦게까지 텔레비전을 보지 말고 빨리 자!
1　예, 알겠습니다. 바로 자겠습니다.
2　어머니, 좀 더 보고 나서 잘게요.
3　어머니, 이건 좋아하는 프로그램이니 좀 더 보고 나서 잘게요.

어휘　遅くまで 늦게까지　~ないで ~하지 말고　早く 빨리　동사ます형+なさい 명령　わかる 알다　すぐ 바로　お母さん 어머니　もうちょっと 좀 더　~てから ~하고 나서　好きだ 좋아하다　番組 프로그램　もう少し 좀 더

問題3　坂本さん、ちょっと休みましょうか。

응답의 예

예1	あ、それがいいですね。
예2	そうですね。お茶でも入れましょうか。
예3	もう2時間も仕事をしてますし、少し休みましょう。

Q 사카모토 씨, 잠시 쉴까요?
1 아, 그게 좋겠군요.
2 그래요. 차라도 끓일까요?
3 벌써 두 시간이나 일을 했고, 잠시 쉽시다.

어휘　ちょっと 잠시　休む 쉬다　お茶を入れる 차를 끓이다　もう 벌써　仕事 일　少し 조금

問題4　明日、7時にデパートの前で会いましょう。

응답의 예

예1	7時にデパートの前ですね。
예2	7時にデパートの前ですね。会社が終わったらすぐ行きます。
예3	デパートの前で7時ですね。道が込む時間ですから、ちょっと遅くなるかもしれません。

Q 내일 7시에 백화점 앞에서 만납시다.
1 7시에 백화점 앞이군요.
2 7시에 백화점 앞이군요. 회사가 끝나면 바로 가겠습니다.
3 백화점 앞에서 7시이군요. 길이 막히는 시간이니 좀 늦을지도 모르겠습니다.

어휘　明日 내일　前 앞　会う 만나다　会社 회사　終わる 끝나다　行く 가다　道が込む 길이 막히다　時間 시간　遅い 늦다　～かもしれない ～일지도 모른다

UNIT 4 응답의 예

問題 5　もし、明日雨が降ったらどうしますか。　　　　P3_U4_05

응답의 예

예1	テニスを取り消すしかないですね。
예2	雨が降ってもドライブに行きます。雨の中のドライブも素敵だと思います。
예3	天気がよければと思いますが、雨が降っても約束を取り消すことはありません。

Q 만일 내일 비가 내리면 어떻게 하겠습니까?
1 테니스를 취소할 수밖에 없겠군요.
2 비가 내려도 드라이브 하러 가겠습니다. 빗속의 드라이브도 멋지다고 생각합니다.
3 날씨가 좋으면 하고 생각합니다만, 비가 내려도 약속을 취소하는 경우는 없습니다.

어휘　もし 만일　明日 내일　取り消す 취소하다　~しかない ~밖에 없다　素敵だ 멋지다　天気 날씨　約束 약속　~ことはない ~하는 경우는 없다

問題 6　部長からこの仕事を頼まれたけど、私の力では無理だと思います。　P3_U4_06

응답의 예

예1	私も手伝いますから、頑張ってください。
예2	部長からの頼みですからやるしかないでしょう。頑張ってください。
예3	大変なこともあると思いますが、やらなければなりませんね。私にできることがあったらいつでも声をかけてください。

Q 부장님으로부터 이 일을 부탁받았는데, 나의 힘으로는 무리라고 생각합니다.
1 저도 도울 테니 열심히 하세요.
2 부장님으로부터의 부탁이니 할 수밖에 없겠죠. 열심히 하세요.
3 힘든 일도 있다고 생각합니다만, 해야만 하죠. 제가 할 수 있는 일이 있으면 언제든지 말을 해 주세요.

어휘　部長 부장　仕事 일　頼む 부탁하다　力 힘　無理 무리이다　手伝う 돕다, 거들다　頑張る 열심히 하다　頼み 부탁　~しかない ~밖에 없다　大変だ 힘들다　できる 할 수 있다　いつでも 언제든지　声をかける 말을 걸다

問題7 あのう、すみません。トイレはどこですか。 P3_U4_07

응답의 예

예1　トイレですか。玄関の右のほうにあります。

예2　トイレは２階のほうにあります。トイレットペーパーはここにありますから持っていってください。

예3　男性用は左の奥のほうにあります。ドアが閉めてありますからこの鍵を持っていってください。

Q　저, 실례합니다. 화장실은 어디에 있습니까?
1　화장실입니까? 현관의 오른쪽에 있습니다.
2　화장실은 2층 쪽에 있습니다. 휴지는 여기에 있으니 들고 가 주세요.
3　남성용은 왼쪽 안쪽에 있습니다. 문이 잠겨 있으니 이 열쇠를 들고 가 주세요.

어휘　玄関 현관　右 오른쪽　2階 2층　トイレットペーパー 두루마리휴지　持つ 들다, 가지다
男性用 남성용　左 왼쪽　奥 안쪽　閉める 닫다　타동사+〜てある 상태표현　鍵 열쇠

問題8 あのう、ここで騒いではいけませんよ。 P3_U4_08

응답의 예

예1　あ、すみません。気をつけます。

예2　すみません。友だちに聞きたいことがあったので。気をつけます。

예3　どうもすみません。そんなに大きい声だとは気づきませんでした。気をつけます。

Q　저, 여기서 떠들어서는 안 됩니다.
1　아, 죄송합니다. 주의하겠습니다.
2　죄송합니다. 친구에게 물어보고 싶은 것이 있어서. 주의하겠습니다.
3　대단히 죄송합니다. 그렇게 큰 목소리라고는 알아차리지 못했습니다. 주의하겠습니다.

어휘　騒ぐ 떠들다　〜では(ては)いけない 〜해서는 안 되다　気をつける 주의하다　友だち 친구　聞く 묻다, 듣다　そんなに 그렇게　大きい 크다　声 목소리　〜とは 〜라고는　気づく 알아차리다

UNIT 4 응답의 예

問題 9　わたくしはイロハ商事の坂本と申します。隅田部長、お願いします。 P3_U4_09

응답의 예

예1	いつもお世話になっております。私が隅田ですが。
예2	いつもお世話になっております。隅田は会議中です。
예3	いつもお世話になっております。隅田は昨日から休暇中です。ご用件をうかがってもよろしいでしょうか。

Q　저는 이로하 상사의 사카모토라고 합니다. 스미타 부장님, 부탁합니다.
1　항상 신세를 지고 있습니다. 제가 스미타 입니다만.
2　항상 신세를 지고 있습니다. 스미타는 회의 중입니다.
3　항상 신세를 지고 있습니다. 스미타는 어제부터 휴가 중입니다. 용건을 여쭈어도 괜찮겠습니까?

어휘　商事 상사　申す「言う-말하다」의 겸양표현　部長 부장　お世話になる 신세를 지다　会議中 회의 중　昨日 어제　休暇中 휴가 중　用件 용건　うかがう「聞く-묻다」의 겸양표현

問題 10　すみません。風邪薬はどこですか。 P3_U4_10

응답의 예

예1	風邪薬ですか。そこの2段目の棚にあります。
예2	風邪薬ですね。私についてきてください。そこの奥のほうにありますからご案内します。
예3	風邪薬ですか。風邪薬にもいろんな種類がありますので。どんなものがほしいですか。

Q　실례합니다. 감기약은 어디에 있습니까?
1　감기약입니까? 거기의 2단 째의 선반에 있습니다.
2　감기약이군요. 저를 따라와 주세요. 거기의 안쪽에 있으니 안내하겠습니다.
3　감기약입니까? 감기약에도 여러 종류가 있으니. 어떤 종류를 원합니까?

어휘　風邪薬 감기약　~段目 ~단 째　棚 선반　ついてくる 따라오다　奥 안쪽　ご(お)+명사+する 겸양표현　案内 안내　種類 종류　ほしい 원하다

PART 4
짧은 응답

유형 파악	이 파트는 그림은 제시되지 않는다. 출제되는 문제는, 주로 자신의 경험과 견해, 생각 등에 대해서이다. 특히 수험자 자신의 취향이나 견해를, 두 가지 의견 속에서 응답을 하는 문제가 자주 출제된다. 고득점을 얻기 위해서는 두 가지의 의견 중, 수험자 본인에 맞는 것을 선택하여, 그 이유까지 설명을 하면 된다. 단순히 수험자 본인의 생각을 묻는 문제이지만, 충분히 상대방을 설득할 수 있는 표현이 없으면 높은 레벨을 받을 수 없다. 레벨 5 이상의 답변을 요구하므로, 능숙한 회화가 아니더라도 본인의 생각을 정확하게 말하는 연습을 하도록 하자.
문항 수	5문제
준비 시간	15초
답변 시간	25초

PART 4 한 눈에 보기

 ここでは、身近な5つの問題について質問されます。発信音がなったら、問題に答えてください。あなたの日本語能力を正しく判断できるよう、できるだけ詳しく答えてください。発信音の後の応答時間は各問題につき25秒です。では、始めます。

問題 1

準備時間 00:00:15 → 発信音 → 回答時間 00:00:25 → 終わりです

P4_U5_00

 ここでは、身近な十の問題について質問されます。発信音がなったら、問題に答えてください。あなたの日本語能力を正しく判断できるよう、できるだけ詳しく答えてください。発信音の後の応答時間は各問題につき25秒です。では、始めます。

問題1

準備時間 00:00:15 発信音 ⇒ 回答時間 00:00:25 ⇒ 終わりです

問題2

準備時間 00:00:15 発信音 ⇒ 回答時間 00:00:25 ⇒ 終わりです

UNIT 5

問題 3

💡 準備時間 00:00:15　🎵 発信音 ⇨ 🎤 回答時間 00:00:25 ⇨ 🔊 終わりです

問題 4

💡 準備時間 00:00:15　🎵 発信音 ⇨ 🎤 回答時間 00:00:25 ⇨ 🔊 終わりです

問題 5

| 準備時間 00:00:15 | 発信音 | → | 回答時間 00:00:25 | → | 終わりです |

問題 6

| 準備時間 00:00:15 | 発信音 | → | 回答時間 00:00:25 | → | 終わりです |

UNIT 5

問題 7

| 💡 準備時間 | 00:00:15 | 🎵 発信音 | ➡ | 🎤 回答時間 | 00:00:25 | ➡ | 🔊 終わりです |

問題 8

| 💡 準備時間 | 00:00:15 | 🎵 発信音 | ➡ | 🎤 回答時間 | 00:00:25 | ➡ | 🔊 終わりです |

問題 9

準備時間 00:00:15　発信音　⇒　回答時間 00:00:25　⇒　終わりです

問題 10

準備時間 00:00:15　発信音　⇒　回答時間 00:00:25　⇒　終わりです

UNIT 5 응답의 예

問題1 あなたは日本へ行ったことがありますか。　　　　　P4_U5_01

응답의 예

| 例1 | はい。3年前、友だちと一緒に観光で東京へ行ったことがあります。 |

| 例2 | いいえ、まだ行ったことがありません。でも、日本語の勉強をしていますからぜひ行ってみたいと思っています。 |

| 例3 | はい。語学研修で1年間行ったことがあります。福岡にある大学で日本語を勉強しました。その時、日本人の友だちもできて、今もたまに連絡を取っています。 |

Q 당신은 일본에 간 적이 있습니까?
1. 예. 3년 전, 친구와 함께 관광으로 도쿄에 간 적이 있습니다.
2. 아뇨, 아직 간 적이 없습니다. 하지만 일본어 공부를 하고 있으니 꼭 가보고 싶다고 생각하고 있습니다.
3. 예. 어학연수로 1년간 간 적이 있습니다. 후쿠오카에 있는 대학에서 일본어를 공부했습니다. 그때, 일본인 친구도 생겨서 지금도 가끔 연락을 취하고 있습니다.

어휘 日本 일본　동사과거형+ことがある ~한 적이 있다　~年前 ~년 전　友だち 친구　一緒に 함께　観光 관광　東京 도쿄　でも 하지만　日本語 일본어　勉強 공부　ぜひ 꼭　語学研修 어학연수　~年間 ~년 간　福岡 후쿠오카　大学 대학　時 때　日本人 일본인　できる 생기다　今も 지금도　たまに 가끔　連絡を取る 연락을 취하다

問題2　あなたは豚肉が好きですか、牛肉が好きですか。　P4_U5_02

응답의 예

例1　豚肉が好きです。牛肉も好きですが、牛肉にはアレルギーがあって食べられません。

例2　豚肉も牛肉も好きです。でも、牛肉は豚肉より高くてたまにしか食べません。会社に入って自分でお金を稼いだらたくさん食べるつもりです。

例3　豚肉も牛肉も好きじゃありません。肉より魚のほうがもっと好きです。なぜなら子供のころ、肉を食べて食あたりをしたことがありますから、あれから肉を食べることができません。

Q　당신은 돼지고기를 좋아합니까? 소고기를 좋아합니까?
1　돼지고기를 좋아합니다. 소고기도 좋아합니다만, 소고기에는 알레르기가 있어서 먹을 수 없습니다.
2　돼지고기도 소고기도 좋아합니다. 하지만, 소고기는 돼지고기보다 비싸서 가끔 밖에 먹지 않습니다. 회사에 들어가서 스스로 돈을 벌면 많이 먹을 생각입니다.
3　돼지고기도 소고기도 좋아하지 않습니다. 고기보다 생선 쪽을 더욱 좋아합니다. 왜냐하면 어릴 때, 고기를 먹고 체한 적이 있어서, 그 이후로 고기를 먹을 수가 없습니다.

어휘　豚肉 돼지고기　好きだ 좋아하다　牛肉 소고기　アレルギー 알레르기　でも 하지만　高い 비싸다　たまに 가끔　しか 밖에　会社 회사　入る 들어가다　お金 돈　稼ぐ 벌다　魚 생선　もっと 더욱　なぜなら 왜냐하면　子供のころ 어릴 때　食あたり 체함　あれから 그 이후로

UNIT 5 응답의 예

問題3 あなたは夏が好きですか、冬が好きですか。　　　　　　P4_U5_03

응답의 예

| 例1 | 私は夏のほうが好きです。なぜならすいかが好きですから。また夏に生まれたことも理由の一つです。 |

| 例2 | 冬が好きです。夏は暑いですし、日焼けも嫌です。冬は寒いですが、たくさん着れば温かくなりますし、また雪もとても好きです。 |

| 例3 | どちらかといえば夏です。夏といっても夏の初めごろです。寒くもなく暑くもないころが一番です。春から夏に変わろうとする季節が一番さわやかです。 |

Q 당신은 여름을 좋아합니까? 겨울을 좋아합니까?
1. 나는 여름 쪽을 좋아합니다. 왜냐하면 수박을 좋아하니까. 또 여름에 태어난 것도 이유의 하나입니다.
2. 겨울을 좋아합니다. 여름은 덥고, 햇볕에 타는 것도 싫습니다. 겨울은 춥습니다만, 많이 입으면 따뜻해지고, 또 눈도 매우 좋아합니다.
3. 어느 쪽인가 하면 여름입니다. 여름이라고 해도, 여름의 시작무렵입니다. 춥지도 않고 덥지도 않은 무렵이 최고입니다. 봄에서 여름으로 바뀌려고 하는 계절이 가장 상쾌합니다.

어휘 夏 여름　冬 겨울　なぜなら 왜냐하면　すいか 수박　生まれる 태어나다　理由 이유　一つ 하나　暑い 덥다　日焼け 햇볕에 탐　嫌だ 싫다　寒い 춥다　着る 입다　温かい 따뜻하다　雪 눈　~といっても ~라고 해도　初めごろ 첫 무렵　一番 최고　春 봄　変わる 바뀌다　季節 계절　さわやかだ 상쾌하다

問題4　あなたはどんな映画が好きですか。　　　　　　　　　　P4_U5_04

응답의 예

예1　私の好きなジャンルはアクションとドキュメンタリーとロマンスです。アクション映画を見てストレスを解消したりします。

예2　アニメが大好きです。いつもアニメを見ます。日本語を勉強したきっかけも日本のアニメを見てからです。アニメを見て会話の勉強をする時もあります。

예3　私はどんな映画でも好きです。友だちとポップコーンを食べながら映画を観るのが大好きです。それで映画のジャンルによらず、一週間に一回は見ることにしています。

Q　당신은 어떤 영화를 좋아합니까?
1　제가 좋아하는 장르는 액션과 다큐멘터리와 로맨스입니다. 액션영화를 보고 스트레스를 해소하거나 합니다.
2　애니메이션을 아주 좋아합니다. 항상 애니메이션을 봅니다. 일본어를 공부한 계기도 일본의 애니메이션을 보고 나서 입니다. 애니메이션을 보고 회화공부를 할 때도 있습니다.
3　저는 어떤 영화라도 좋아합니다. 친구와 팝콘을 먹으면서 영화를 보는 것을 아주 좋아합니다. 그래서 영화의 장르에 상관없이, 일주일에 한 번은 보기로 하고 있습니다.

어휘　映画 영화　ジャンル 장르　アクション 액션　ドキュメンタリー 다큐멘터리　ロマンス 로맨스　ストレス 스트레스　解消 해소　アニメ 애니메이션　大好きだ 아주 좋아하다　日本語 일본어　勉強 공부　きっかけ 계기　~てから ~하고 나서　会話 회화　友だち 친구　ポップコーン 팝콘　観る 보다　~によらず ~에 상관없이　一週間 일주일　一回 한 번　~ことにする ~하기로 하다

UNIT 5 응답의 예

問題5　あなたはどんな人が好きですか。　　　　　　　　　　P4_U5_05

응답의 예

例1　よく笑う人が好きです。いつも笑顔な人の周りには自然と笑顔があふれていますよね。こういう人と一緒にいたら楽しくなります。

例2　自分が食べるのが好きだから、食べることが好きな人がいいです。特に肉のほうが好きなので、一緒に食べられる人がいればいいなあと思います。

例3　「ありがとう」と「ごめんなさい」がきちんと言える方がタイプです。あいさつがよくできる人は学校でも会社でも人気がありますし、マナーもいいです。こんな人と一緒にいれば嬉しくなります。

Q 당신은 어떤 사람을 좋아합니까?
1 잘 웃는 사람입니다. 항상 웃는 얼굴인 사람의 주변에는 자연스럽게 웃는 얼굴이 넘쳐나죠. 이러한 사람과 함께 있으면 즐거워집니다.
2 제가 먹는 것을 좋아하니까 먹는 것을 좋아하는 사람이 좋습니다. 특히 고기 쪽을 좋아하기 때문에, 함께 먹을 수 있는 사람이 있으면 좋겠구나 라고 생각합니다.
3 「고맙다」와 「미안하다」를 확실히 말할 수 있는 쪽이 (제가 좋아하는) 타입입니다. 인사를 잘 하는 사람은 학교에서도 회사에서도 인기가 있고, 매너도 좋습니다. 이런 사람과 함께 있으면 기뻐집니다.

어휘　笑う 웃다　人 사람　笑顔 웃는 얼굴　周り 주변　自然と 자연스럽게　あふれる 넘치다　こういう 이러한　一緒に 함께　楽しい 즐겁다　特に 특히　肉 고기　きちんと 똑바로, 확실히　方 쪽　あいさつ 인사　学校 학교　会社 회사　人気 인기　マナー 매너　こんな 이런　嬉しい 즐겁다

問題6 あなたは学校を休んだことがありますか。あったら、その理由は何ですか。　P4_U5_06

응답의 예

예1　中学校までは無遅刻無欠席でしたが、高校の時、風邪で3日間休んだことがあります。

예2　全然休んだことがありません。病気になったこともなかったし、風邪を引いても我慢して学校へ行きました。でも、遅刻は3回ぐらいしたことがあります。

예3　何の理由もなく、学校を休んだことがあります。親にはお腹が痛いとうそをつきました。その日は、なんとなく何もしたくなかったし、学校へ行くのもいやでした。でも、自分自身が恥ずかしくなって、それ以来、学校を休んだことがありません。

Q　당신은 학교를 쉰 적이 있습니까? 있으면 그 이유는 무엇입니까?
1　중학교까지는 무지각무결석이었습니다만, 고등학교 때, 감기로 3일 간 쉰 적이 있습니다.
2　전혀 쉰 적이 없습니다. 병에 걸린 적도 없었고, 감기 걸렸어도 참고 학교에 갔습니다. 하지만, 지각은 3번정도 한 적이 있습니다.
3　아무런 이유도 없이 학교를 쉰 적이 있습니다. 부모에게는 배가 아프다고 거짓말을 했습니다. 그 날은, 괜히 아무 것도 하고 싶지 않았고, 학교에 가는 것도 싫었습니다. 하지만 내 자신이 부끄러워져서, 그 이후, 학교를 쉰 적이 없습니다.

어휘　学校 학교　休む 쉬다　동사과거형+ことがある ~한 적이 있다　理由 이유　中学校 중학교　無遅刻 무지각　無欠席 무결석　高校 고등학교　風邪 감기　3日間 3일 간　全然 전혀　病気 병　我慢 참음　3回 3번　親 부모　お腹 배　痛い 아프다　うそをつく 거짓말을 하다　その日 그 날　なんとなく 괜히　何も 아무 것도　いやだ 싫다　自分自身 자기 자신　恥ずかしい 부끄럽다　それ以来 그 이래

UNIT 5 응답의 예

問題7 あなたは、週末だいたい何をしますか。　　　P4_U5_07

응답의 예

예1　普通は家にいます。本が好きなので一人でいろんな本を読んだりします。携帯電話もマナーモードにして、出られないようにする時もあります。

예2　小さい子供がいるので、外に出かけます。会社のことで疲れていますが、それで家にいると、家内も子供も寂しくなると思って、なるべく体を動かすようにしています。

예3　友だちに会って、映画を見に行ったり、コーヒーを飲んだり、お酒を飲んだりしています。平日は忙しくてできなかったことを週末にしています。でも、日曜日は家でゆっくり休みます。なぜなら、日曜日まで遊んでしまうと、月曜日から大変だからです。

Q 당신은 주말에 대체로 무엇을 합니까?
1 보통은 집에 있습니다. 책을 좋아하기 때문에 혼자서 여러 책을 읽거나 합니다. 휴대전화를 진동으로 해서, 받을 수 없도록 할때도 있습니다.
2 어린 아이가 있기 때문에, 밖에 나갑니다. 회사 일로 피곤합니다만, 그래서 집에 있으면, 아내도 아이도 쓸쓸해질 거라고 생각해서, 가능한 한 몸을 움직이도록 하고 있습니다.
3 친구를 만나서 영화를 보러 가거나, 커피를 마시거나, 술을 마시거나 하고 있습니다. 평일은 바빠서 할 수 없었던 일을 주말에 하고 있습니다. 하지만, 일요일은 집에서 푹 쉽니다. 왜냐하면, 일요일까지 놀아버리면, 월요일부터 힘들기 때문입니다.

어휘　週末 주말　だいたい 대체로　普通 보통　家 집　本 책　一人 혼자　読む 읽다　携帯電話 휴대전화　マナーモード 진동　出る 전화를 받다　~ようにする ~하도록 하다　小さい 작다, 어리다　子供 아이　外 밖　出かける 외출하다　会社 회사　疲れる 피곤하다　家内 아내　寂しい 외롭다, 쓸쓸하다　なるべく 가능한 한　体 몸　動かす 움직이게 하다　友だち 친구　会う 만나다　映画 영화　飲む 마시다　お酒 술　平日 평일　忙しい 바쁘다　日曜日 일요일　ゆっくり 천천히, 느긋하게　休む 쉬다　遊ぶ 놀다　月曜日 월요일　大変だ 힘들다

問題8 あなたは、友達にお金を借りることについてどう思いますか。

응답의 예

> **예1** 家族にも貸すのは嫌なのに友達間の貸し借りはよくないと思います。たとえ返したとしても友人には悪いイメージしか残らないでしょう。
>
> **예2** 友達だからといってお金を借りたりすると、人間として自己管理のできない人間であると相手に思われたりする可能性があると思うので反対です。
>
> **예3** 基本的には反対です。例えば、一緒に食事に行って1000円足りないから借りるというようなレベルなら許容範囲かとは思いますが、ただ単に現金を借りるというのはあまりいいこととは思えません。お金の貸し借りで信用を無くすことはあっても友達としての関係がよくなることはありません。
>
> Q 당신은, 친구에게 돈을 빌리는 것에 대해서 어떻게 생각합니까?
> 1 가족에게도 빌려주는 것은 싫은데, 친구 간의 돈 거래는 좋지 않다고 생각합니다. 비록 갚았다고 해도 친구에게는 나쁜 이미지밖에 남지 않겠죠.
> 2 친구라고 해서 돈을 빌리거나 하면, 인간으로서 자기관리를 못하는 인간이라고 상대방에게 생각되거나 할 가능성이 있다고 생각하기 때문에 반대입니다.
> 3 기본적으로는 반대입니다. 예를 들면, 함께 식사를 하러 가서 천 엔이 부족하니 빌린다고 하는 수준이라면 허용범위라고는 생각합니다만, 단순히, 현금을 빌린다고 하는 것은 별로 좋다고는 생각되지 않습니다. 돈을 빌려주고 빌리는 것으로 신용을 잃어버리는 경우는 있어도, 친구로서의 관계가 좋아지는 경우는 없습니다.

어휘 友達 친구　お金 돈　借りる 빌리다　家族 가족　貸す 빌려주다　嫌だ 싫다　友達間 친구 간　貸し借り 빌려 주고 빌림　たとえ~ても 비록~라도　返す 돌려주다, 갚다　友人 친구　悪い 나쁘다　しか 밖에　残る 남다　~からといって ~라고 해서　人間 인간　~として 로서　自己管理 자기관리　相手 상대　可能性 가능성　反対 반대　基本的 기본적　例えば 예를 들면　一緒に 함께　食事 식사　足りない 부족하다　レベル 레벨, 수준　許容 허용　範囲 범위　ただ単に 단순히　現金 현금　あまり 그다지, 별로　信用 신용　無くす 잃어버리다　関係 관계

UNIT 5 응답의 예

問題9 あなたが、初めて海外旅行に行くなら、どの国に行きたいですか。 P4_U5_09

응답의 예

例1 アフリカです。広大な大自然、多くの野生動物が生きている国立公園、韓国では絶対見ることの出来ない原始的で想像を越えた光景がアフリカにはあると思います。

例2 イタリアです。おいしいイタリア料理に明るい人たち、歴史を感じる美しい町並みなど多くの観光名所があります。ローマの街を歩けば、まるで映画『ローマの休日』に入り込んだかのようなロマンチックな旅が楽しめることは間違いなしでしょう。

例3 世界的にも治安の良い都市として有名なのが日本、東京です。アジアではシンガポールに次いで犯罪の少ない都市だと言えるでしょう。東京は経済的、商業的なパワーでもよく知られています。また私が日本語を勉強していますから、現地で使ってみたいこともあるでしょう。

Q 당신이, 처음 해외여행을 간다면 어느 나라로 가고 싶습니까?

1. 아프리카입니다. 광대한 대자연, 많은 야생동물이 살아 있는 국립공원, 한국에서는 절대 볼 수 없는 원시적이고 상상을 넘는 광경이 아프리카에는 있다고 생각합니다.
2. 이탈리아입니다. 맛있는 이탈리아요리에다가, 밝은 사람들, 역사를 느끼는 아름다운 시가지 등 많은 관광명소가 있습니다. 로마의 거리를 걸으면, 마치 영화 『로마의 휴일』에 빠져든 것 같은 로맨틱한 여행을 즐길 수 있는 것은 틀림이 없겠죠.
3. 세계적으로도 치안이 좋은 도시로서 유명한 것이 일본의 도쿄입니다. 아시아에서는 싱가폴 다음으로 범죄가적은 도시라고 말할수 있겠죠. 도쿄는 경제적, 상업적인 파워로도 잘 알려져 있습니다. 또 제가 일본어를 공부하고 있기 때문에, 현지에서 사용해 보고 싶은 것도 있겠죠.

어휘 初めて 처음 海外旅行 해외여행 国 나라 アフリカ 아프리카 広大だ 광대하다 大自然 대자연 多くの~ 많은~ 野生動物 야생동물 生きる 살다 国立公園 국립공원 韓国 한국 絶対 절대 原始的 원시적 想像 상상 越える 넘다 光景 광경 イタリア 이탈리아 おいしい 맛있다 料理 요리 明るい 밝다 歴史 역사 感じる 느끼다 美しい 아름답다 町並み 시가지 観光名所 관광명소 ローマ 로마 街 거리 歩く 걷다 まるで 마치 映画 영화 休日 휴일 入り込む 빠져들다 旅 여행 楽しい 즐기다 間違いなし 틀림이 없음 世界的 세계적 治安 치안 良い 좋다 都市 도시 ~として ~로서 有名だ 유명하다 日本 일본 東京 도쿄 アジア 아시아 シンガポール 싱가폴 次ぐ 잇다 犯罪 범죄 少ない 적다 経済的 경제적 商業的 상업적 パワー 파워 知られる 알려지다 日本語 일본어 勉強 공부 現地 현지 使う 사용하다

問題 10 あなたはどんな会社に入りたいですか。

응답의 예

> **예1** 社内の雰囲気が良く、そして経営理念に共感できる会社です。会社の雰囲気が悪ければやる気が出ないと思います。
>
> **예2** 社員を大切にする企業です。働きやすい環境を整える事は、お客様の笑顔につながると考えているからです。社内の雰囲気は働く上でとても重要です。社内が明るいと自然と働く人も明るくなり、働く人が明るいと、お客様に好感を抱いていただけます。
>
> **예3** 常に時代と共に進化している企業が好きです。これが私が会社選びで大切にしている基準です。なぜなら、世界情勢、経済、テクノロジー、流行などさまざまな要因によってお客様のニーズや企業が提供できるサービスは変化していくからです。
>
> **Q** 당신은 어떤 회사에 들어가고 싶습니까?
> 1 사내의 분위기가 좋고, 그리고 경영이념에 공감할 수 있는 회사입니다. 회사의 분위가 나쁘면 의욕이 나오지 않을 거라고 생각합니다.
> 2 사원을 소중히 하는 기업입니다. 일하기 편한 환경을 갖추는 것은, 손님의 웃는 얼굴로 연결된다고 생각하고 있기 때문입니다. 사내의 분위기는 일하는데 있어서 매우 중요합니다. 사내가 밝으면 자연스럽게 일하는 사람도 밝아지고, 일하는 사람이 밝으면, 손님에게 호감을 갖게 할 수 있습니다.
> 3 항상 시대와 함께 진화하고 있는 기업을 좋아합니다. 이것이 제가 회사선택에서 소중히 하고 있는 기준입니다. 왜냐하면 세계정세, 경제, 테크놀로지, 유행 등 다양한 요인에 의해서 손님의 요구랑 기업에 제공할 수 있는 서비스는 변화해 가기 때문입니다.

어휘 会社 회사　入る 들어가다　社内 사내　雰囲気 분위가　良い 좋다　そして 그리고　経営理念 경영이념　共感 공감　悪い 나쁘다　やる気 의욕　出る 나오다　社員 사원　大切に 소중히　企業 기업　働く 일하다　ます형+やすい ~하기 쉽다, ~하기 편하다　環境 환경　整える 갖추다　お客様 손님　笑顔 웃는 얼굴　つながる 연결되다　考える 생각하다　~上で ~하는데 있어서　重要だ 중요하다　明るい 밝다　自然と 자연스럽게　好感 호감　抱く 품다　常に 늘, 항상　時代 시대　~と共に ~와 함께　進化 진화　会社選び 회사선택　基準 기준　世界 세계　情勢 정세　経済 경제　テクノロジー 테크놀로지　流行 유행　さまざまな 다양한　要因 요인　~によって ~에 의해서　ニーズ 요구　提供 제공　変化 변화

PART 5
긴 응답

유형 파악	이 파트는 제4부 짧은 응답과 마찬가지로 그림은 제시되지 않는다. 출제유형은, 제4부 자신의 경험을 묻는 것과 다르게, 전반적인 사회문제나 최근의 시사와 관련된 것에 대해서 묻는다. 따라서 학습자 여러분들은 평소에 다양한 사회문제와 시사적인 것을 어느 정도 파악하는 것이 좋다. 따라서 이 파트는 일본어 말하기 능력뿐만 아니라 시사적인 것도 알아두어야만 고득점을 받을 수 있다. 따라서, 학습자들은 평소에 사회문제에 관심을 가지며, 그것을 일본어로 표현하는 연습을 충분히 해 두지 않으면 아무리 일본어 능력이 뛰어나더라도 정확한 본인의 생각을 표현하기가 쉽지 않을 것이다.
문항 수	4문제
준비 시간	30초　　　　　　　　　답변 시간　　　50초

PART 5 한 눈에 보기

 ここでは、4つの問題について質問されます。それらについてあなたの意見を述べてください。発信音がなったら、問題に答えてください。あなたの日本語能力を正しく判断できるよう、できるだけ具体的に意見を述べてください。発信音の後の応答時間は、各問題につき50秒です。では、始めます。

問題 1

準備時間 00:00:30 🎵 発信音 ➡ 🎤 回答時間 00:00:50 ➡ 🔊 終わりです

UNIT 6

P5_U6_00

> ここでは、5つの問題について質問されます。それらについてあなたの意見を述べてください。発信音がなったら、問題に答えてください。あなたの日本語能力を正しく判断できるよう、できるだけ具体的に意見を述べてください。発信音の後の応答時間は、各問題につき50秒です。では、始めます。

問題 1

準備時間 00:00:30　発信音　→　回答時間 00:00:50　→　終わりです

問題 2

準備時間 00:00:30　発信音　→　回答時間 00:00:50　→　終わりです

UNIT 6

問題 3

| 💡 準備時間 00:00:30 | 🎵 発信音 | ➡ | 🎤 回答時間 00:00:50 | ➡ | 🔊 終わりです |

問題 4

| 💡 準備時間 00:00:30 | 🎵 発信音 | ➡ | 🎤 回答時間 00:00:50 | ➡ | 🔊 終わりです |

問題 5

| 準備時間 00:00:30 | 発信音 | ⇒ | 回答時間 00:00:50 | ⇒ | 終わりです |

UNIT 6 응답의 예

問題1　近年、家族の崩壊が話題になっています。あなたにとって家族とは何でしょうか。あなたの考えを述べてください。

P5_U6_01

응답의 예

例1　家族には、プライベートな空間を作ることによる休みの場としての機能があります。家族の機能のひとつは、子どもを育て、教育することですが、核家族化が進行した今日では、学校や塾など外部に任せる部分も多いです。確かに、祖父母を含めた三代が同居するような伝統的な大家族は減少しています。ですから、私にとって家族とは、一緒に一つの屋根の下で暮らすことだと思います。

例2　家族は、結婚などを通じて異質な文化を取り込み、構成員の好みや年齢によって変化させながら受け継いでいきます。家族の教育機能が学校や塾などの外部に任せられて、世代を超えて同居する家族が減少したとしても、家族は過去から未来へと文化を伝承する機能を依然として持っているといえるのではないでしょうか。私にとって家族とは、固有の文化を受け継ぎ、伝えていくものであります。

例3　近年、家族の崩壊が話題となる一方で、それは崩壊ではなく、ライフスタイルの多様化に伴う変化にすぎないという考え方もあります。従来の家族機能や家族内の役割にこだわることは、例えば社会に出て働きたいと考える女性を抑えることにもなるかもしれません。今日では家族のあり方そのものが多様化しています。家族にどのような機能を求めるかは、どのような家族を作るかによって大きく異なるでしょう。人の考えはさまざまですから、自分に合う家族を作ればいいと思います。

Q 요즘, 가족의 붕괴가 화제가 되고 있습니다. 당신에게 있어서 가족이라는 것은 무엇입니까? 당신의 생각을 말해 주세요.

1 가족에게는, 개인적인 공간을 만드는 것에 의한 휴식의 장소로서의 기능이 있습니다. 가족의 기능의 하나는, 아이를 키우고, 교육하는 것입니다만, 핵가족화가 진행된 오늘날에는, 학교랑 학원 등 외부에 맡기는 부분도 많습니다. 확실히 조부모를 포함한 삼대가 같이 사는 듯한 전통적인 대가족은 감소하고 있습니다. 그래서 저에게 있어서 가족이라는 것은, 함께 하나의 지붕 아래에서 생활하는 것이라고 생각합니다.

2 가족은, 결혼 등을 통해서 이질적인 문화를 거두어들여, 구성원의 취향이나 연령에 따라 변화시키면서 계승해 갑니다. 가족의 교육기능이 학교랑 학원 등의 외부에 맡겨져, 세대를 넘어 동거하는 가족이 감소했다고 해도, 가족은 과거에서 미래로 문화를 계승하는 기능을 여전히 가지고 있다고 말할 수 있는 것은 아닐까요? 나에게 있어서 가족이라는 것은 고유의 문화를 전승하고, 전해가는 것입니다.

3 요즘, 가족의 붕괴가 화제가 되는 한편으로, 그것은 붕괴가 아니고, 라이프스타일의 다양화에 따르는 변화에 지나지 않는다는 생각도 있습니다. 종래의 가족기능이랑 가족 내의 역할에 집착하는 것은, 예를 들면, 사회에 나와서 일하고 싶다고 생각하는 여성을 억제하는 것도 될지도 모릅니다. 오늘날에서는, 가족의 존재방식 그 자체가 다양화되어 있습니다. 가족에게 어떠한 기능을 요구할지는, 어떠한 가족을 만들 것인가에 따라 크게 다르겠죠. 사람의 생각은 다양하기 때문에 자신에게 맞는 가족을 만들면 좋다고 생각합니다.

어휘 近年 근년   家族 가족   崩壊 붕괴   話題 화제   ~にとって ~에 있어서   ~とは ~라고 하는 것은   考え 생각   述べる 말하다   プライベート 개인적   空間 공간   作る 만들다   休み 휴가, 휴식   場所 장소   ~として ~로서   機能 기능   子ども 아이   育てる 키우다   教育 교육   核家族化 핵가족화   進行 진행   今日 오늘날   学校 학교   塾 학원   外部 외부   任せる 맡기다   部分 부분   多い 많다   確かに 확실히   祖父母 조부모   含める 포함하다   三代 삼대   同居 동거, 같이 삶   伝統的 전통적   大家族 대가족   減少 감소   一緒 함께   屋根 지붕   下 아래   暮らす 생활하다   結婚 결혼   ~を通じて ~을 통해서   異質 이질   文化 문화   取り込む 거두어들이다   構成員 구성원   好み 취향   年齢 연령   ~によって ~에 따라, ~에 의해   変化 변화   受け継ぐ 계승하다   世代 세대   超える 넘다   過去 과거   未来 미래   伝承 전승   依然として 여전히   持つ 가지다   固有 고유   伝える 전하다   ~一方で ~한편으로   ライフスタイル 라이프스타일   多様化 다양화   伴う 동반하다   ~にすぎない ~에 지나지 않는다   考え方 사고방식   従来 종래   家族内 가족 내   役割 역할   こだわる 집착하다   例えば 예를 들면   社会 사회   出る 나오다   働く 일하다   女性 여성   抑える 억제하다   ~かもしれない ~일지도 모르다   あり方 존재방식   求める 요구하다   異なる 다르다   さまざま 다양함   合う 맞다

UNIT 6 응답의 예

問題2　２０２０年度の育児休業取得率は女性８３.６％、男性１.８９％です。男性の育児休業取得率を高めるためにはどうしたらよいか、あなたの考えを述べてください。

응답의 예

例1　男性の育児休業取得を妨げている要因には、育児休業中の収入減少などの経済的な問題、職場や男性自身の育児に対する意識の低さなどです。収入については、雇用保険である育児休業給付金の利用、加えて休業中の社会保険料や雇用保険料の免除など、制度を有効に活用すれば休業による影響をある程度小さくすることが可能です。

例2　男性の育児休業取得率が依然低いままに止まっているのは、男性自身や職場の意識の低さが制度の活用を難しくしているからではないでしょうか。男性が育児休業をとらない理由のひとつとして「職場の育児休業をとりにくい雰囲気」が挙げられます。育休を取得することを理由に社員に不利益な扱いを行うことは法律で禁じられていますが、実際には仲間への負担が増えることや昇進への影響などを懸念して、育児休業の取得をあきらめる男性も少なくないです。ですから、社会的に男性の育児休業取得について応援する雰囲気を作る必要があります。

例3　男性の育児休業取得率を高めるためには、働き方自体を見直す必要があると私は考えます。低い有給の取得率や常態化した残業など、長時間勤務を前提とした働き方が「誰も休暇を取らない雰囲気」を作り出し、男性の育児参加を難しくしていると考えられるからです。在宅勤務や短時間勤務など、仕事と子育ての両立支援を行う企業も増えていますが、制度自体が優れていても利用されなければ意味がありません。企業内での積極的な活動などを通して、育児に携わる男性だけでなく周囲の意識を変えていくことが必要です。

> Q 2020년도의 육아휴업취득율은 여성 83.6%, 남성 1.89%입니다. 남성의 육아휴업취득율을 높이기 위해서는 어떻게 하면 좋을지, 당신의 생각을 말해주세요.
>
> 1 남성의 육아휴업취득을 방해하고 있는 요인으로는, 육아휴업 중의 수입감소 등의 경제적인 문제, 직장이랑 남성자신의 육아애 대한 의식이 낮은 것 등입니다. 수입에 대해서는, 고용보험인 육아휴업급부금의 이용, 더해서 휴업 중의 사회보험료랑 고용보험료 등의 면제 등, 제도를 유효하게 활용하면 휴업에 의한 영향을 어느 정도 적게 하는 것이 가능합니다.
>
> 2 남성의 육아휴업취득율이 여전히 낮은 채로 머물러 있는 것은, 남성자신이랑 직장의 의식의 낮음이 제도의 활용을 어렵게 하고 있기 때문이 아닐까요? 남성이 육아휴업을 취하지 않는 이유의 하나로서「직장의 육아휴업을 받기 어려운 분위기」를 들 수 있습니다. 육아휴업을 취득하는 것을 이유로 사원에게 불이익 취급을 행하는 것은 법률로 금지되어 있습니다만, 실제로는 동료에 대한 부담이 늘어나는 것이랑 승진에 대한 영향 등을 염려해서, 육아휴업의 취득을 포기하는 남성도 적지 않습니다. 그래서, 사회적으로 남성의 육아휴업취득에 대해서 응원하는 분위기를 만들 필요가 있습니다.
>
> 3 남성의 육아휴업취득율을 높이기 위해서는 일하는 방법 자체를 재검토할 필요가 있다고 저는 생각합니다. 낮은 유급의 취득율이랑 상태화된 잔업 등, 장시간근무를 전제로 한 일하는 방법이「누구도 휴가를 취득하지 않는 분위기」를 만들어 내어, 남성의 육아참가를 어렵게 하고 있다고 생각되기 때문입니다. 재택근무랑 단시간근무 등, 일과 양육의 양립지원을 행하는 기업도 늘어나고 있습니다만, 제도 자체가 뛰어나다고 해도 이용되지 않으면 의미가 없습니다. 기업 내에서의 적극적인 활동 등을 통해서, 육아에 종사하는 남성뿐만 아니라, 주위의 의식을 바꾸어 가는 것이 필요합니다.

어휘

~年度 ~년도　育児 육아　休業 휴업　取得率 취득율　女性 여성　男性 남성　高める 높이다　考え 생각　述べる 서술하다　妨げる 방해하다　要因 요인　休業中 휴업 중　収入 수입　減少 감소　経済的 경제적　問題 문제　職場 직장　自身 자신　~に対する ~에 대한　意識 의식　低さ 낮음　雇用保険 고용보험　給付金 급부금　利用 이용　加えて 더해서　社会保険料 사회보험료　免除 면제　制度 제도　有効 유효　活用 활용　影響 영향　ある程度 어느 정도　可能 가능　依然 여전히　止まる 멈추다　職場 직장　難しい 어렵다　理由 이유　雰囲気 분위기　挙げる 예를 들다　育休 육아휴업　取得 취득　社員 사원　不利益 불이익　扱い 취급　行う 행하다　法律 법률　禁じる 금지하다　実際 실제　仲間 동료　~への ~에 대한　負担 부담　増える 늘어나다　昇進 승진　懸念 염려　あきらめる 포기하다　社会的 사회적　応援 응원　作る 만들다　必要 필요　働き方 일하는 방법　自体 자체　見直す 재검토하다　有給 유급　常態化 상태화　残業 잔업　長時間 장시간　勤務 근무　前提 전제　誰も 누구도　休暇 휴가　作り出す 만들어내다　参加 참가　在宅 재택　短時間 단시간　仕事 일　子育て 양육　両立 양립　支援 지원　優れる 뛰어나다, 우수하다　意味 의미　積極的 적극적　~を通して ~을 통해서　携わる 종사하다　~だけでなく ~뿐만 아니라　周囲 주위　変える 바꾸다

UNIT 6 응답의 예

問題3　今日、あなたはどんな服装をしていますか。その服装は「あなたらしい」ですか。そのことを踏まえた上で、人間にとって「その人らしさ」と服装の関係について述べてください。

P5_U6_03

응답의 예

例1	私は今日、鮮やかな青色のシャツを着ています。このシャツを買うまで私は、パステル調のピンクやベージュなど、淡い色合いの服ばかり着ていました。幼い頃から母親が選ぶ服にこの種の色調のものが多く、それらはいつの間にか「私らしい」色彩となっていました。
例2	白いシャツを着ています。先日、ふと立ち寄った店でこの白いシャツを見かけ、ひと目で気に入ってしまいました。なぜ気に入ったのか自分でも驚きましたが、初めて買った白いシャツは、着てみると今までにないシャープな印象で、私には似合っていないような気がしました。しかし家族や友人たちはこのシャツを着た私を見て、「似合う」「私らしい」と言ってくれたのです。そして何度か着ているうちに、私自身にもこのシャツが私らしく感じられるようになりました。
例3	体格や肌の色、身長など、人には簡単に変えられない特徴があります。もちろん、そのような身体的な特徴と結びついた「その人らしさ」もあるに違いないです。また、身長が伸びるなど、身体そのものの変化によって「らしさ」が変化していく場合もあるでしょう。しかし、今日私が履いているジーパンのように、いつ履いても楽に思われる服装はあります。服装の選択の基準には様々な要因が考えられます。テレビや雑誌など、メディアの中から好みのものを発見する場合もあります。また、私のように今まで興味がなかったものにふと興味を抱く場合もあります。

Q 오늘 당신은 어떤 복장을 하고 있습니까? 그 복장은 「당신답다」입니까? 그것을 바탕으로 해서, 인간에게 있어서 「그 사람다움」과 복장의 관계에 대해서 말해 주세요.

1 나는, 오늘 선명한 청색의 셔츠를 입고 있습니다. 이 셔츠를 살때까지 나는, 파스텔 풍의 핑크랑 베이지 등, 담담한 색조의 옷만 입고 있었습니다. 어릴 때부터 어머니가 고른 옷에 이런 종류의 색초가 많아, 그것들은 어느 샌가 「나 다운」색채가 되었습니다.

2 하얀 셔츠를 입고 있습니다. 전날 문득 들른 가게에서 하얀 셔츠를 발견하여, 한 눈에 마음에 들었습니다. 왜 마음에 들었는지 스스로도 놀랐습니다만, 처음산 하얀 셔츠는, 입어보니 지금까지 없던 샤프한 인상으로 나에게는 맞지 않는 듯한 느낌이 들었습니다. 그러나, 가족이랑 친구들은 이 셔츠를 입은 나를 보고 「어울린다」「나답다」라고 말을 해 주었습니다. 그리고 몇 번이나 입고 있는 동안에 내 자신에게도 이 셔츠가 저 답게 느낄 수 있게 되었습니다.

3 체격이랑 피부의 색, 신장 등, 사람에게는 간단히 바꿀 수 없는 특징이 있습니다. 물론, 그러한 신체적인 특징과 결부된 「그 사람다움」도 있음에 틀림이 없습니다. 또 키가 크는 등, 신체 그 자체의 변화에 의해서 「다움」이 변화해 가는 경우도 있겠죠. 그러나, 오늘 내가 입고 있는 청바지처럼, 언제 입어도 편하게 생각되는 복장은 있습니다. 복장의 선택의 기준에는 다양한 요인이 생각됩니다. 텔레비전이랑 잡지 등, 미디어 속에서 좋아하는 것을 발견하는 경우도 있습니다. 또, 저처럼 지금까지 흥미가 없었던 것에 문득 흥미를 품는 경우도 있습니다.

어휘 今日 오늘　服装 복장　あなたらしい 당신답다　踏まえる 입각하다　〜上で 〜하고 나서　人間 인간　〜にとって 〜에 있어서　らしさ 다움　関係 관계　述べる 말하다　鮮やかだ 선명하다　青色 청색　シャツ 셔츠　着る 입다　買う 사다　パステル調 파스텔 조　ピンク 핑크　ベージュ 베이지　淡い 담담하다　色合い 색조　服 옷　幼い 어리다　頃 무렵　母親 어머니　選ぶ 선택하다　種 종류　色調 색조　いつの間にか 어느 샌가　色彩 색채　白い 하얗다　先日 전날　ふと 문득　立ち寄る 들르다　店 가게　見かける 발견하다　ひと目 한 눈　気に入る 마음에 들다　驚く 놀라다　初めて 처음　シャープ 샤프, 날카로움　印象 인상　似合う 어울리다　気がする 느낌이 들다　家族 가족　友人 친구　何度か 몇 번이나　〜うちに 〜동안에　感じる 느끼다　体格 체격　肌 피부　色 색　身長 신장　簡単 간단　変える 바꾸다　特徴 특징　もちろん 물론　身体的 신체적　結びつく 결부되다　〜に違いない 〜임이 틀림이 없다　伸びる 늘어나다　変化 변화　〜によって 〜에 따라　場合 경우　履く (하의를) 입다　ジーパン 청바지　楽に 편하게　選択 선택　基準 기준　様々な 다양한　要因 요인　雑誌 잡지　メディア 미디어　好み 취향　発見 발견　興味 흥미　抱く 품다

UNIT 6 응답의 예

問題4　ビジネスの場では英語を話せる人材が求められているのに学校ではいまだに文法や英文解釈を中心とした授業が行われています。これについてあなたの考えを述べてください。

P5_U6_04

응답의 예

例1　英語教育を改めるべきだと思います。政治、経済、文化、どんな分野でも国際化が進んでいく中で、英語力がますます重要になってくるからです。これまでの教育方法を、全面的に改めるべきです。これからの時代に大切になってくるのは話す力、聞く力です。小学校の早い段階からこの2つに重点を置いて教育すべきです。

例2　小学校から大学まで英語を習っても一向に話せるようにならないのでは、英語を学んでいる意味がありません。文法や英文読解の授業はそこそこにして、リスニングやスピーキング中心の授業に早急に改めていくべきです。グローバル競争に勝ち抜くには、手をこまねいている暇はありません。英語による生徒同士のディスカッションやディベートをどんどん取り入れなければなりません。

例3　英語を学ぶ目的はもっと幅広いものです。たとえば英文学の研究者や翻訳家を目指す人にとって大事なのは厳密な英文解釈や文法の知識であって、リスニングやスピーキング力ではありません。また、ビジネスの現場であっても英文解釈や文法が役に立たないとは言えないでしょう。契約書を読んで理解したり、会議の資料を作ったりするときには、英文を読み書きできる能力が必須であるからです。どちらか一方に偏った教育をするのではなく、バランスのとれた教育が大事だと思います。

Q 비즈니스 자리에서는 영어를 할 수 있는 인재가 요구되고 있는데 학교에서는 여태껏 문법이나 영문해석을 중심으로 한 수업이 행해지고 있습니다. 이것에 대해서 당신의 생각을 말해 주세요.

1 영어교육을 바꾸어야만 한다고 생각합니다. 정치, 경제, 문화, 어떤 분야에서도 국제화가 진행되어 가는 속에서, 영어능력이 점점 중요하게 되어 오기 때문입니다. 지금까지의 교육방법을, 전면적으로 고쳐야만 합니다. 앞으로의 시대에 중요하게 다가오는 것은 말하는 능력, 듣는 능력입니다. 초등학교의 빠른 단계에서 이 두 개에 중점을 두고 교육해야만 합니다.

2 초등학교 때부터 대학까지 영어를 배워도 전혀 말할 수 있게 되지 않게 되어서는, 영어를 배우고 있는 의미가 없습니다. 문법이랑 영문독해의 수업은 대충하고, 리스닝이랑 스피킹 중심의 수업으로 조급히 바꾸어 가야만 합니다. 글로벌경쟁에 이겨내기 위해서는, 방관하고 있을 틈은 없습니다. 영어에 의한 학생끼리의 토론이랑 논쟁을 계속 도입해야만 합니다.

3 영어를 배우는 목적은 더욱 폭이 넓습니다. 예를 들면, 영문학의 연구자랑 번역가를 목표로 하는 사람에게 있어서 중요한 것은, 엄밀한 영문해석이랑 문법의 지식이고, 리스닝이랑 스피킹 능력은 아닙니다. 또, 비즈니스 현장에서도 영문해석이랑 문법이 도움이 되지 않는다고는 할 수 없겠죠. 계약서를 읽고 이해하거나, 회의의 자료를 만들거나 할 때는, 영문을 읽고 쓸 수 있는 능력이 필수이기 때문입니다. 어느 쪽인가 일방적으로 치우친 교육을 하는 것이 아니고, 균형이 잡힌 교육이 중요하다고 생각합니다.

어휘 場 자리　英語 영어　人材 인재　求める 요구하다　~のに ~하는데　学校 학교　いまだに 여태껏　文法 문법　英文 영문　解釈 해석　中心 중심　授業 수업　行う 행하다　考え 생각　述べる 말하다　教育 교육　改める 고치다　~べきだ ~해야만 하다　政治 정치　経済 경제　文化 문화　分野 분야　国際化 국제화, 세계화　進む 진행되다　ますます 점점　重要だ 중요하다　方法 방법　全面的 전면적　時代 시대　大切だ 중요하다　力 힘　小学校 초등학교　早い 빠르다　段階 단계　重点 중점　置く 두다　一向に 전혀　学ぶ 배우다　~はそこそこに　~은 대충하고　リスニング 듣기　スピーキング 말하기　早急に 조급히　競争 경쟁　勝ち抜く 이겨 내다　手をこまねく 방관하다　暇 틈　~同士 ~끼리　ディスカッション 토론　ディベート 논쟁　目的 목적　もっと 더욱　幅広い 폭 넓다　たとえば 예를 들면　英文学 영문학　研究者 연구자　翻訳家 번역가　目指す 목표로 하다　~にとって ~에 있어서　大事だ 중요하다　厳密だ 엄밀하다　知識 지식　現場 현장　役に立つ 도움이 되다　契約書 계약서　理解 이해　会議 회의　資料 자료　作る 만들다　読み書き 읽고 씀　能力 능력　必須 필수　一方に 한쪽으로　偏る 치우치다　バランス 균형

UNIT 6 응답의 예

問題5　テレビや新聞などで「最近の若い人は」という言葉をよく聞きます。この言葉について、あなたはどう思いますか。

응답의 예

例1　「最近の若い人は」という言葉は、若い人に対する批判だと受け取る人が多いのではないでしょうか。しかし私は逆の場合もあると思います。つまり若い人を褒めるときにも使われる言葉です。若い人を批判している大人を見る機会は多いです。大人から見ると若者は、不安定で危なっかしい存在でしょう。

例2　若い人の中には礼儀をわきまえない人、批判されても仕方がないような行動を起こす人もいます。しかし、私たちを批判する大人も若いときには、当時の大人に批判されていました。そして、その当時の大人は現在「今時の年寄りは」と批判されています。ここから考えられることは、「人が自分たちと違う世代の人たちを批判するのは珍しいことではない」という点です。他の世代に自分たちが理想とする姿を押し付けていると言えるのではないでしょうか。

例3　「最近の若い人は」という言葉が褒め言葉として使われることもあります。たとえば「老人に席を譲った若い人」、「怪我をした子供をおんぶして家まで送り届けた若い人」に向けられる場合は「最近の若い人は」が別の意味になります。そして、良いことをして褒められた若者は、また次も同じような行動を起こすでしょう。一般的に「老人に席を譲る。子供に親切にする」のはそれほど難しいことではありません。ただ、このような行動を起こすには、勇気が必要だし、誰もが、簡単にできるものではないです。そこで、勇気のない若者を後押しするのが「褒める」ことです。人から褒められるのはそれほど嬉しいことなのです。

Q 텔레비전이랑 신문 등에서 「요즘의 젊은이는」라고 하는 말을 자주 듣습니다. 이 말에 대해서 당신은 어떻게 생각합니까?

1 「요즘의 젊은이는」라는 말은, 젊은 사람에 대한 비판이라고 받아들이는 사람이 많지 않을까요? 그러나 나는 반대의 경우도 있다고 생각합니다. 즉, 젊은 사람을 칭찬할 때에도 사용되는 말입니다. 젊은 사람을 비판하고 있는 어른을 볼 기회는 많습니다. 어른의 입장에서 보면, 젊은 사람은, 불안정하고 매우 염려되는 존재이겠죠.

2 젊은이 중에는 예의를 분별하지 못하는 사람, 비판 받아도 어쩔 수 없는 듯한 행동을 하는 사람도 있습니다. 그러나, 우리들을 비판하는 어른도 젊을 때에는, 당시의 어른에게 비판 받았습니다. 그리고, 그 당시의 어른은, 현재 「요즘의 노인은」이라고 비판 받고 있습니다. 여기서 생각할 수 있는 것은, 「사람이 자신들과 다른 세대의 사람들을 비판하는 것은 신기한 것은 아니다」라는 점입니다. 다른 세대에 자신들이 이상으로 여기는 모습을 강요하고 있다고 말할 수 있는 것은 아닐까요?

3 「요즘의 젊은이는」라는 말이 칭찬하는 말로서 사용되는 경우도 있습니다. 예를 들면 「노인에게 자리를 양보하는 젊은 사람」, 「부상을 입은 아이를 업어서 집까지 데려다 주었던 젊은 사람」에게 향해지는 경우는 「요즘의 젊은이는」이 다른 의미가 됩니다. 그리고, 좋은 일을 해서 칭찬을 받은 젊은이는, 또 다음에도 같은 행동을 하겠죠. 일반적으로 「노인에게 자리를 양보한다. 아이에게 친절하게 대한다」는 것은 그다지 어려운 것은 아닙니다. 단지, 이러한 행동을 하기 위해서는, 용기가 필요하고, 누구라도 간단히 할 수 있는 것은 아닙니다. 그래서, 용기가 없는 젊은이를 밀어주는 것이 「칭찬하는」것입니다. 남으로부터 칭찬 받는다는 것은 그만큼 기쁜 일인 것입니다.

어휘 新聞 신문　最近 최근, 요즘　若い 젊다　言葉 말　聞く 듣다　対する 대하다　批判 비판　受け取る 받아들이다　逆 반대　場合 경우　つまり 즉　褒める 칭찬하다　使う 사용하다　大人 어른　機会 기회　多い 많다　不安定 불안정　危なっかしい 매우 염려스럽다　存在 존재　礼儀 예의　わきまえる 분별하다　仕方がない 어쩔 수 없다　行動 행동　起こす 일으키다　当時 당시　現在 현재　今時 요즘　年寄り 노인　違う 다르다　世代 세대　珍しい 신기하다　点 점　他 다른　理想 이상　姿 모습　押し付ける 강요하다　老人 노인　席 자리　譲る 양보하다　怪我 부상　おんぶする 업다　送り届ける 데려다 주다　向ける 향하다　場合 경우　別 다른　意味 의미　良い 좋다　次 다음　同じ 같음　一般的 일반적　親切 친절　それほど 그다지, 그 만큼　難しい 어렵다　ただ 단지　勇気 용기　必要 필요　誰もが 누구라도　簡単 간단　後押し 후원, 밀어줌　嬉しい 기쁘다

PART 6
장면 설정

유형 파악	한 장의 그림이 제시되어 있으며, 이 그림에 대해서는 상세히 설명이 나와 있다. 수험자가 그림 속의 입장이 되어, 질문의 상황에 맞는 응답을 하는 형식이다. 그림의 내용은 딱딱한 시사문제나 상식, 과학적인 것이 아니고, 일상생활 속에서 일어날 수 있는 상황이다. 질문과 그림의 상황에 맞게 존경어를 사용해야 할지, 친구들끼리나 혹은 부하, 아랫 사람 등과 사용하는 어투로 사용해야 할 지도 구분해야 하므로, 능숙한 회화표현을 요구하는 파트이기도 하다. 주로 사용되는 표현은, 의뢰, 거절, 감사, 설득, 사과 등의 문제가 출제된다. 회화표현에서 많이 사용되는 축약형이나, 정중어, 존경어 등의 정확한 쓰임을 알고, 거기에 맞게 표현해야만 고득점을 받을 수 있다.
문항 수	3문제
준비 시간	30초
답변 시간	40초

PART 6 한 눈에 보기

 ここでは3つの異なる場面から質問されます。場面設定は絵と説明文で示されます。場面設定の説明文を聞いた後、回答を考える時間は30秒あります。その後、発信音がなったら発話してください。より高いレベルの会話力が測れるよう、できるだけ多く発話してください。発信音の後の応答時間は各問題につき40秒です。では、問題1から聞いてください。

問題1　電車の中で忘れ物をしました。棚の上にかばんを置いて電車を降りたようです。駅の忘れ物センターに行って何と言えばいいですか。

UNIT 7

  P6_U7_00

ここでは5つの異なる場面から質問されます。場面設定は絵と説明文で示されます。場面設定の説明文を聞いた後、回答を考える時間は30秒あります。その後、発信音がなったら発話してください。より高いレベルの会話力が測れるよう、できるだけ多く発話してください。発信音の後の応答時間は各問題につき40秒です。では、問題1から聞いてください。

問題1　修理に出したスマートフォンを取りに行ったら、まだできていませんでした。確認してください。

準備時間 00:00:30　発信音 ⇒ 回答時間 00:00:40 ⇒ 終わりです

問題2　友だちと映画に行く約束をしていましたが、その日はお母さんの誕生日でした。友だちに電話して、約束を断ってください。

準備時間 00:00:30　発信音 ⇒ 回答時間 00:00:40 ⇒ 終わりです

UNIT 7

問題3　会議の資料の準備をしなければなりません。でも、あなたはどうしたらいいか、よく分かりません。先輩に話してアドバイスをしてもらってください。

準備時間　00:00:30　発信音　⇒　回答時間　00:00:40　⇒　終わりです

問題4　自分は必死に勉強しているのに、隣の部屋で、大きな音量にしてテレビゲームばかりしています。弟にゲームをやめてもらうように言ってください。

準備時間　00:00:30　発信音　⇒　回答時間　00:00:40　⇒　終わりです

問題5　友だちから「お金を貸してほしい」と言われました。でも、あなたも持っているお金や貯金がないです。友だちの気持ちを害しないように断ってください。

UNIT 7 응답의 예

問題1 修理に出したスマートフォンを取りに行ったら、まだできていませんでした。確認してください。

P6_U7_01

응답의 예

| 例1 | あのう、先週預けたスマートフォンを取りに来ましたが、まだできていませんね。先週のお話では今日までできるということでした。でも、いきなり、「修理はまだです」と言われたら困ります。こういうことがあると、信用がなくなってしまうんですよね。どうしたらいいでしょうか。 |

| 例2 | 前もって、修理ができてないと電話をくださったらわざわざ来なかったでしょう。会社の昼休みの時間に来たのに残念ですね。先週預けたときは、修理が遅くなる場合もあるって話は全然なかったんです。もし、こういうこともあると一言でも教えてくださったらよかったじゃないんですか。とにかく急いでいるので、早くお願いします。またいつ来ればいいでしょうか。 |

| 例3 | これは残念ですね。大手企業だし、信じて預けたのに。こちらの都合もありますから、修理がまだできてないと連絡してくれればよかったんじゃないですか。今までの貴社に対しての信用が崩れそうな気がします。忙しいことはよく分かりますが、お客様に対しての態度としてはとうてい納得いきませんね。まあ、今日のことはともかく、いつ修理ができるんでしょうか。今度はこんなことがないようにお願いします。 |

Q 수리를 맡겼던 스마트폰을 찾으러 갔더니 아직 되어 있지 않았습니다. 확인해 주세요.

1 저, 지난 주에 맡겼던 스마트폰을 찾으러 왔습니다만, 아직 되어 있지 않군요. 지난 주의 이야기로는 오늘까지 된다는 것이었습니다. 하지만 갑자기, 「수리는 아직입니다」라고 하면 곤란합니다. 이런 일이 있으면, 신용이 없어져 버리죠. 어떻게 하면 좋을까요?

2 미리 수리가 되지 않았다고 전화를 주셨다면 일부러 오지 않았겠죠. 회사의 점심시간에 왔는데 유감이군요. 지난 주 맡겼을 때는, 수리가 늦어지는 경우도 있다는 이야기는 전혀 없었습니다. 만일 이런 경우도 있다고 한 마디라고 가르쳐 주셨다면 좋지 않았겠습니까? 여하튼 급한 것이니 빨리 부탁합니다. 또 언제 오면 될까요?

3 이건 유감입니다. 대기업이고, 믿고 맡겼는데. 저의 사정도 있으니, 수리가 아직 되지 않았다고 연락해 주면 좋지 않았겠습니까? 지금까지 귀사에 대한 신용이 무너질 것 같은 느낌이 듭니다. 바쁜 것은 잘 알겠습니다만, 손님에 대한 태도로서는 도저히 납득이 안 됩니다. 흠, 오늘 일은 여하튼 간에, 언제 수리가 가능할까요? 앞으로는 이런 일이 없도록 부탁합니다.

어휘 修理に出す 수리를 맡기다　スマートフォン 스마트폰　取る 찾다　確認 확인　先週 지난 주　預ける 맡기다　お話 말씀　今日 오늘　いきなり 갑자기　困る 곤란하다　信用 신용　前もって 미리　電話 전화　わざわざ 일부러　会社 회사　昼休み 점심시간　残念 유감　遅い 늦다　場合 경우　全然 전혀　もし 만일　こういう 이런　一言 한 마디　教える 가르치다　とにかく 여하튼　急ぐ 서두르다　早く 빨리　大手企業 대기업　信じる 믿다　都合 사정, 형편　連絡 연락　貴社 귀사　~に対しての ~에 대한　崩れる 무너지다　気がする 느낌이 들다　忙しい 바쁘다　分かる 알다　お客様 손님　態度 태도　~としては ~로서는　とうてい 도저히　納得 납득　~はともかく ~은 어쨌든 간에　今度 이번

UNIT 7 응답의 예

問題 2　友だちと映画に行く約束をしていましたが、その日はお母さんの誕生日でした。友だちに電話して、約束を断ってください。

응답의 예

예1	坂本君、ミンだけど、ちょっとごめんね。あなたと映画に行く約束をしたのに、ちょうどその日がお母さんの誕生日だったのをうっかりしたよ。カレンダーに記したけど、最近学校のテストの勉強で疲れてしまって。また今度にしてくれればありがたいと思うよ。ごめんね。
예2	エナちゃん、私だけどごめんね。話したいことがあるよ。実はね、映画に行くその日がお母さんの誕生日だったのを忘れていたよ。家族でパーティーをしようという話までしたのに。あなたとのせっかくの約束だったのに守れなくてわるい。また今度にしてもいいかなあ。とにかく、行けなくなってごめんね。
예3	カンさん、リだけど、ごめんなさい。約束ができなくなったんだ。私たちが映画を見に行くその日が、ちょうどお母さんの誕生日で、家族で外食することにしたのよ。一カ月前からの約束だったのでキャンセルするわけにもいかないし。次の日なら行けると思うけどどう？自分の都合で一方的に約束を取り消してごめんね。今度会ったらコーヒーでもおごるから勘弁してね。

Q 친구와 영화를 보러 갈 약속을 했습니다만, 그 날은 어머니의 생일이었습니다. 친구에게 전화해서 약속을 거절해 주세요.

1 사카모토 군? 민인데, 좀 미안해. 당신과 영화를 보러 갈 약속을 했는데, 마침 그 날이 어머니의 생신이었던 것을 깜빡했어. 캘린더에 기록했는데, 요즘 학교 시험 공부 때문에 피곤해서. 또 다음 번에 (영화를 보러 갈 것을 권유해) 주면 고맙게 생각해. 미안.

2 에나 짱, 난데 미안. 말하고 싶은 것이 있어. 실은 말이야, 영화보러 가는 그 날이 어머니의 생신이었던 것을 잊고 있었어. 가족끼리 파티를 하자고 하는 이야기까지 했는데. 너와의 모처럼의 약속이었는데 못 지켜서 미안. 다음 번에 보러 가도 괜찮을까? 여하튼 갈 수 없게 되어 미안해.

3 강씨, 이인데, 미안해. 약속을 할수없게 되었어. 우리들이 영화를 보러가는 그날이 마침 어머니의 생신이어서, 가족끼리 외식하기로 했어. 한 달 전부터의 약속이어서 취소할 수도 없고. 다음 날이라면 갈 수 있을 것 같은데 어때? 내 사정으로 일방적으로 약속을 취소해서 미안해. 다음 번에 만나면 커피라도 살 테니 용서해줘.

어휘 友だち 친구 映画 영화 行く 가다 約束 약속 日 날 お母さん 어머니 誕生日 생일 電話 전화 断る 거절하다 ちょうど 마침 うっかりする 깜빡하다 記す 표시하다 最近 최근 学校 학교 勉強 공부 疲れる 피곤하다 今度 다음 번 ありがたい 고맙다 実は 실은 忘れる 잊다 家族 가족 せっかく 모처럼 守る 지키다 わるい 미안하다 外食 외식 一カ月前 한 달 전 ～わけにもいかない ~수도 없다 次 다음 都合 사정, 형편 一方的 일방적 取り消す 취소하다 おごる 한턱내다 勘弁する 용서하다

UNIT 7 응답의 예

問題3 会議の資料の準備をしなければなりません。でも、あなたはどうしたらいいか、よく分かりません。先輩に話してアドバイスをしてもらってください。　P6_U7_03

응답의 예

| 例1 | 先輩、今、ちょっといいですか。実は、会議の資料のことで聞きたいことがあります。部長から頼まれてやっていますが、こういう資料の準備は初めてなので何が何か全然分かりません。もし、よければ教えていただけますでしょうか。いきなりアドバイスを求めてすみません。 |

| 例2 | 坂本先輩、ちょっと質問がありますが、今いいですか。来週開かれる会議の資料ですが、ここまではできています。でも、これ以上はなかなか進まなくて困っています。先輩はこれについては、先月担当したこともありますから、誰よりもよくご存じだと思います。いくら調べてもよく分からないので、聞いてみました。どうかよろしくお願いします。 |

| 例3 | 仕事に困ったことがあって、先輩に聞きたいことがありますが、時間を割いてくれるでしょうか。実は、課長に来週会議で使う資料を頼まれて一生懸命やりましたが、この時点で壁にぶつかりました。先輩はこれについては会社の誰よりも専門家だと聞きましたので、お願いしているのです。どうか、無理だとは思いますが、よろしく頼みます。 |

Q 회의 자료의 준비를 해야만 합니다. 하지만, 당신은 어떻게 하면 좋을지, 잘 모릅니다. 선배에게 이야기해서 어드바이스를 받아 주세요.

1 선배님, 지금 잠시 괜찮습니까? 실은, 회의의 자료에 관한 것으로 묻고 싶은 것이 있습니다. 부장님으로부터 부탁 받아서 하고 있습니다만, 이러한 자료의 준비는 처음이어서 뭐가 뭔지 전혀 모르겠습니다. 만일 괜찮다면 가르쳐 주실 수 있겠습니까? 갑자기 어드바이스를 요구해서 죄송합니다.

2 사카모토 선배님, 잠시 질문이 있습니다만, 지금 괜찮습니까? 다음 주 열리는 회의의 자료입니다만, 여기까지는 했습니다. 하지만, 이 이상은 좀처럼 진행되지 않아서 난처해 하고 있습니다. 선배님은 이것에 대해서는, 지난 달 담당한 적도 있으니, 누구보다도 잘 아실 거라고 생각합니다. 아무리 알아보아도 잘 몰라서 물어보았습니다. 잘 부탁합니다.

3 일에 난처한 것이 있어서, 선배님께 묻고 싶은 것이 있습니다만, 시간을 내 주겠습니까? 실은, 과장님께 다음 주 회의에서 사용할 자료를 부탁 받아서, 열심히 했습니다만, 이 시점에서 벽에 부딪혔습니다. 선배님은 이것에 대해서는 회사의 누구보다도 전문가라고 들었기 때문에 부탁하고 있는 것입니다. 부디 무리라고는 생각합니다만, 잘 부탁합니다.

어휘 会議 회의 資料 자료 準備 준비 分かる 알다 先輩 선배 今 지금 ちょっと 잠시 実は 실은 聞く 묻다 部長 부장 頼む 부탁하다 初めて 처음 全然 전혀 もし 만일 教える 가르치다 いきなり 갑자기 求める 요구하다 質問 질문 来週 다음 주 開く 개최하다 以上 이상 なかなか 좀처럼 進む 진행되다 困る 곤란하다 先月 지난 달 担当 담당 ご存じ「分かる-알다」의 존경표현 いくら~ても 아무리~해도 調べる 조사하다 ~ところ ~하는 바 どうか 부디 仕事 일 時間を割く 시간을 내다 課長 과장 使う 사용하다 一生懸命 열심히 時点 시점 壁 벽 ぶつかる 부딪히다 会社 회사 専門家 전문가 無理 무리

UNIT 7 응답의 예

問題 4 自分は必死に勉強しているのに、隣の部屋で、大きな音量にしてテレビゲームばかりしています。弟にゲームをやめてもらうように言ってください。　P6_U7_04

응답의 예

예1	もう時間遅いよ。早く寝なさい。こんな時間にテレビゲームをすると、明日早く起きられないし、また大きな音量を出すと、近所にも迷惑だから気をつけなさい。兄ちゃんは明日から試験だし。気持ちは分かるけど、昼間の時間や休みの時にやってほしいの。
예2	ケンちゃん！音量をもうちょっと小さくしてくれる？兄ちゃんが勉強してるのに全然集中ができないんだ。またゲームばかりしちゃうとどうなるか分かるでしょう。たまには本を読んだり勉強したりしなさい。ゲームも毎日決められた時間にやってほしい。こんな時間に、大きい音量でやっちゃうと隣の人にも迷惑だし。
예3	ゲームをやるのはいいけど、大きな音量は出さないでね。来週から大事なテストがあって、勉強してるのにまったくできないよ。また毎日ゲームばかりするのもよくないよ。たまには自分のために本を読んだらどうだ？とにかく今は大きな音量を出さないでほしい。兄ちゃんは別として、近所にも迷惑になるから。今日はこのへんにして早く寝なさい。夜遅くまでやっちゃうとまた遅刻するよ。

Q 본인은 필사적으로 공부하고 있는데, 옆 방에서 큰 음량으로 텔레비전게임만 하고 있습니다. 남동생에게 게임을 그만두도록 말해 주세요.

1 이미 늦은 시간이야. 빨리 자! 이런 시간에 텔레비전게임을 하면 내일 일찍 못 일어나고, 또 큰 음량을 내면 이웃에게도 민폐이니 주의해. 형은 내일부터 시험이야. 마음은 알겠는데, 낮시간이나 휴일에 해 주기를 바라.

2 켄짱! 음량을 좀 더 작게 해 줄래? 형이 공부하고 있는데 전혀 집중을 할 수가 없어. 또 게임만 하면 어떻게 될지 알잖아? 가끔은 책을 읽거나 공부하거나 해! 게임도 매일 정해진 시간에 해 주기를 바라! 이런 시간에 큰 음량으로 해 버리면 이웃 사람에게도 민폐이고.

3 게임을 하는 것은 괜찮은데, 큰 음량은 내지마! 다음 주부터 중요한 시험이 있어서 공부하는데 전혀 할 수가 없어. 또 매일 게임만 하는 것도 좋지 않아. 가끔은 자신을 위해서 책을 읽으면 어때? 여하튼 지금은 큰 음량을 내지 않기를 바라! 형은 제쳐두더라도 이웃에게도 민폐가 되니까. 오늘은 이쯤 하고 빨리 자. 밤늦게까지 해 버리면 또 지각할 거야.

어휘 必死 필사　勉強 공부　隣 이웃　部屋 방　音量 음량　弟 남동생　やめる 그만두다　時間 시간　遅い 늦다　早く 빨리　明日 내일　起きる 일어나다　出す 내다　近所 이웃　迷惑 민폐　気をつける 주의하다　兄ちゃん 형, 오빠　試験 시험　気持ち 기분　分かる 알다　昼間 낮　休み 휴일, 휴식　小さい 작다　全然 전혀　集中 집중　たまには 가끔은　本 책　読む 읽다　毎日 매일　決める 정하다　隣 이웃　来週 다음 주　大事だ 중요하다　まったく 전혀　~は別として ~은 제쳐두더라도　今日 오늘　このへん 이쯤　夜 밤　遅刻 지각

UNIT 7 응답의 예

問題 5　友だちから「お金を貸してほしい」と言われました。でも、あなたも持っているお金や貯金がないです。友だちの気持ちを害しないように断ってください。

P6_U7_05

응답의 예

| 例1 | ごめんね。「どんな相手でもお金の貸し借りはしない」主義だから。また、お金を貸すことはあなたのためにならない。あなたのことを思って私は貸せないよ。それに今月は私だって厳しいよ。お母さんが入院して自分からお金を出さないといけないし。 |

| 例2 | 昔、実は高校の友だちにお金を貸したら、返ってこなくて苦労したことがあって、もう無理だよ。それ以来、お金のことは親に相談しないとダメになっちゃった。あなたの気持ちが分からないこともないけど、何もできない自分の立場も理解してほしい。ごめんさない。 |

| 例3 | ごめんね。誰に対してもお金は貸さない主義なんだから。あなただけではなく、誰にでも同じ対応をしているから悪く思わないでほしい。また、あなたといつまでも友だちで居たいから貸さないこともあるよ。「金の切れ目は縁の切れ目」とも言うじゃない。お金のことであなたを失いたくない。あなたの都合はよく分からないけど、自分の気持ちも理解してほしいよ。ごめんね。 |

Q 친구로부터 「돈을 빌려주기를 바란다」라고 들었습니다. 하지만, 당신도 가지고 있는 돈이랑 저금이 없습니다. 친구의 기분을 상하지 않도록 거절해 주세요.

1 미안. 「어떤 상대라도 돈을 빌려주고 빌리는 것은 하지 않는」주의여서. 또, 돈을 빌려주는 것은 당신을 위해서도 좋지 않아. 당신을 생각해서 나는 빌려줄 수 없어, 게다가 이번 달은 나 역시 힘들어. 어머니가 입원해서 내가 돈을 내지 않으면 안 되고.

2 옛날, 실은 고등학교 친구에게 돈을 빌려주었는데 돌려 받지 못해서 고생한 적이 있어서, 이제 무리야. 그 이후, 돈과 관련된 것은 부모님께 상담하지 않으면 안 되게 되었어, 당신의 마음을 모르는 것도 아니지만, 아무 것도 할 수 없는 나의 입장도 이해해 주기를 바라. 미안.

3 미안. 누구에 대해서도 돈은 빌려주지 않는 주의여서. 당신뿐만 아니라, 누구에게라도 같은 대응을 하고 있으니 나쁘게 생각하지 않기를 바라. 또, 당신과 언제까지나 친구로 있고 싶기 때문에 빌려주지 않은 것도 있어. 「친구도 돈이 있을 때 (돈 떨어지면 인연도 끊어진다)」라고도 말하지 않아? 돈 때문에 당신을 잃고 싶지는 않아. 당신의 사정은 잘 모르겠지만, 나의 마음도 이해해 주기를 바라. 미안.

어휘 友だち 친구 お金 돈 貸す 빌려주다 持つ 들다, 가지다 貯金 저금 気持ち 마음 害する 상하게 하다 断る 거절하다 相手 상대 貸し借り 빌리고 빌려주는 것 主義 주의 それに 게다가 今月 이번 달 명사+だって ~라도, ~역시 厳しい 힘들다, 엄격하다 お母さん 어머니 入院 입원 出す 내다 昔 옛날 実は 실은 高校 고등학교 返る 돌아오다 苦労 고생 無理 무리 それ以来 그 이래 親 부모 相談 상담 分かる 알다 何も 아무 것도 立場 입장 理解 이해 誰 누구 ~に対しても ~에 대해서도 主義 주의 ~だけではなく ~뿐만 아니라 同じ 같음 対応 대응 悪い 나쁘다 居る 있다 金の切れ目は縁の切れ目 친구도 돈이 있을 때(돈 떨어지면 인연도 끊어진다) 失う 잃어버리다 都合 사정, 형편 理解 이해

PART 7
연속된 그림

유형 파악	4개의 연속된 그림을 보고 90초 동안 수험자가 스토리텔링을 해야 한다. 30초 동안 4개의 그림을 보고, 그것을 바탕으로 일본어로 이야기를 만들어 가는 것은 상당히 어렵다. 그림을 먼저 이해하는 것도 중요하지만, 이야기를 만들어간다는 것은, 나름대로의 순발력과 작문능력, 회화능력도 갖추고 있어야만 가능하다. 따라서, 이 파트를 준비하기 위해서는 많은 어휘와 문장을 알아야 하고, 일본인들이 많이 쓰는 표현도 숙지하고 있어야 한다. 그리고, 접속부사의 쓰임도 알아두면 상당한 도움이 될 것이다. 다양한 장면, 다양한 그림이 출제가 되니, 평소에 일본어로 말하는 습관을 길러 두어야 할 것이다.
문항 수	1문제
준비 시간	30초
답변 시간	90초

PART 7 한 눈에 보기

 では、今から連続した4つの絵にどんなことが描かれているか説明してもらいます。90秒でできるだけ詳しく話してください。発信音がなったら、絵の説明を始めてください。

UNIT 8

P7_U8_00

では、今から連続した４つの絵にどんなことが描かれているか説明してもらいます。90秒でできるだけ詳しく話してください。発信音がなったら、絵の説明を始めてください。

問題 1

準備時間 00:00:30 発信音 ⇨ 回答時間 00:00:90 ⇨ 終わりです

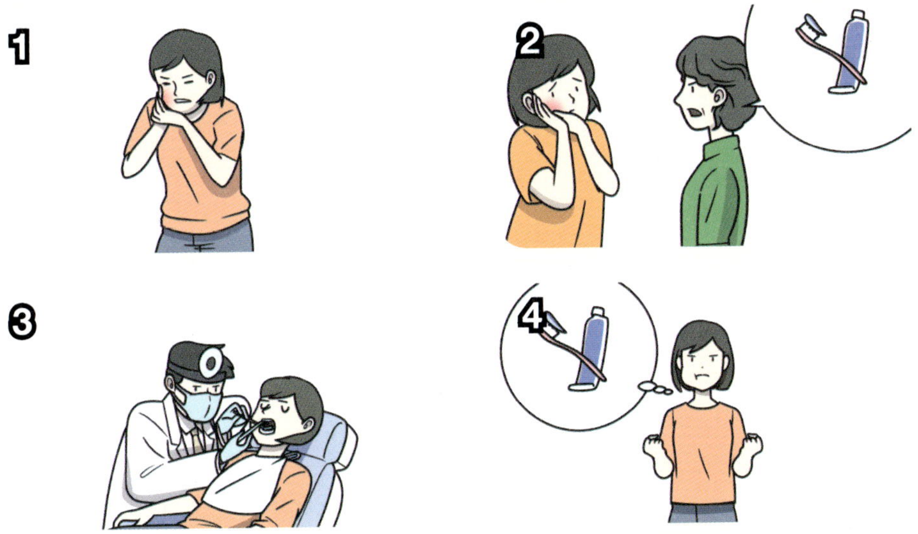

PART 7

UNIT 8

問題 2

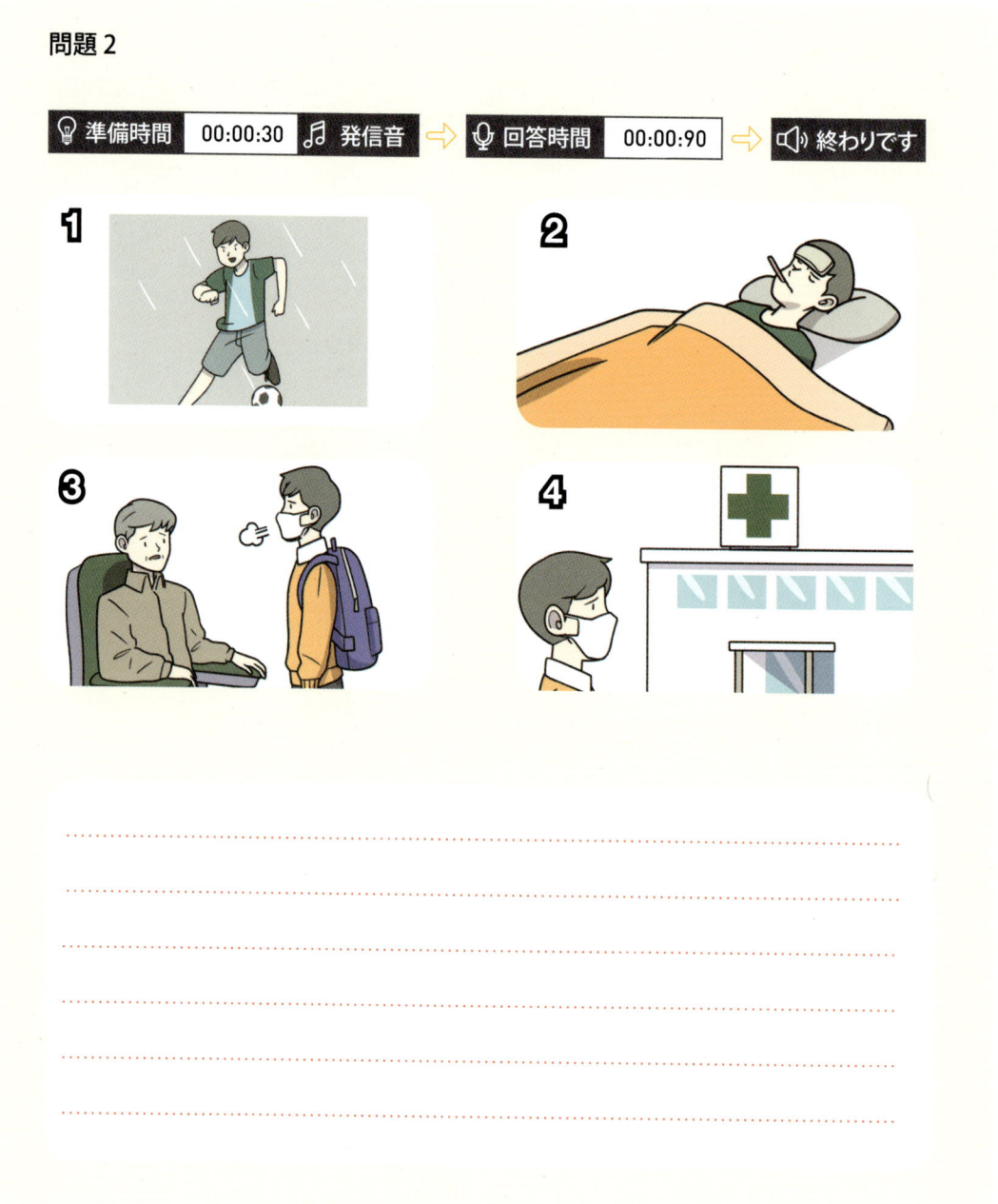

問題 3

UNIT 8

問題 4

問題 5

UNIT 8 응답의 예

問題 1

P7_U8_01

  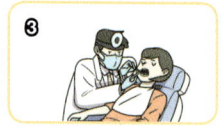 

(1) 昨夜は歯が痛くて全然眠れませんでした。歯は痛くなる前に検診しなければいけないんですが、仕事にかこつけて行きませんでした。また、お酒を飲んで、夜遅く帰った時は歯を磨かないで寝た時もありました。

(2) それで、母からちゃんと歯を磨きなさいと何回も言われたこともありましたが、なかなかできませんでした。歯が痛すぎて頭まで痛くなりました。仕方なく歯医者に行って診てもらうことにしました。

(3) 歯医者は何となく怖い気がして行きたくなかったんですが、もうこれ以上我慢できなくて行くことにしました。歯医者さんは、虫歯だらけの私に、叱り気味で「歯磨きも大事だが、管理も大切だ」と言いました。数カ月の治療が必要だと言ったので、私はびっくりしたんです。治療が終わって、看護師さんが、正しい歯の磨き方を教えてくれました。

(4) 家に帰って、毎日食後はちゃんと歯磨きをすると決心しました。お酒を飲んで帰った日も忘れずに。歯の大切さを実感する一日でした。

---

(1) 어젯밤은 이가 아파서 전혀 잘 수 없었습니다. 이는 아프기 전에 검진해야만 합니다만, 일을 핑계로 가지 않았습니다. 또, 술을 마시고, 밤늦게 귀가할 때는 이를 닦지 않고 잘 때도 있었습니다.

(2) 그래서 어머니로부터 제대로 이를 닦으라고 몇 번이나 들은 적도 있었습니다만, 좀처럼 할 수 없었습니다. 이가 너무 아파서 머리까지 아파졌습니다. 어쩔 수 없이 치과에 가서 진찰해 받기로 했습니다.

(3) 치과는 아무 이유없이 무서운 느낌이 들어 가고 싶지 않았습니다만, 이제 이 이상 참을 수 없어서 가기로 했습니다. 치과의사는, 충치투성이인 나에게 꾸짖듯이 「양치질도 중요하지만, 관리도 중요하다」고 말했습니다. 몇 개월의 치료가 필요하다고 말했기 때문에, 나는 깜짝 놀랐습니다. 치료가 끝나서, 간호사가 바른 양치법을 가르쳐 주었습니다.

(4) 집에 돌아와서 매일 식후는 제대로 양치질을 할 거라고 결심했습니다. 술을 마시고 돌아온 날도 잊지 않고. 치아의 소중함을 실감하는 하루였습니다.

어휘 昨夜(ゆうべ・さくや) 어젯밤　歯 이　痛い 아프다　全然 전혀　眠る 자다　前 전　検診 검진　仕事 일　~にかこつけて ~을 핑계삼아　お酒 술　飲む 마시다　夜遅く 밤늦게　帰る 돌아오다　母 어머니　ちゃんと 제대로, 똑바로　何回 몇 번　なかなか 좀처럼　い형용사어간+すぎる 지나치게~하다　頭 머리　仕方なく 어쩔 수 없이　歯医者 치과　診る 진찰하다　~ことにする ~하기로 하다　何となく 괜히　怖い 무섭다　気がする 느낌이 들다　これ以上 이 이상　我慢 참음　医者 의사　虫歯 충치　~だらけ ~투성이　叱る 꾸짖다　동사ます형+気味 ~한 낌새　歯磨き 양치질　大事だ 중요하다　管理 관리　大切だ 중요하다　数カ月 몇 개월　治療 치료　必要 필요　びっくりする 깜짝 놀라다　終わる 끝나다　看護師 간호사　正しい 바르다　歯の磨き方 양치법　教える 가르치다　家 집　食後 식후　決心 결심　日 날　忘れる 잊다　~ずに ~하지 않고　実感 실감　一日 하루

問題 2　　　　　　　　　　　　　　　　　　　　　　　　　　　　P7_U8_02

   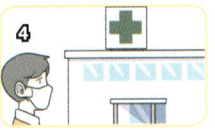

(1)　中学校の友だちに会って久しぶりにサッカーをしました。途中で雨が降ってきたが、それにもかまわず、みんなサッカーに夢中でした。中学校の時、みんな同じサークルだったのでとても楽しかったです。

(2)　夜、家に帰ってきたら鼻水が少し出たが、気にしないでお風呂に入ったんです。あがったあとも、熱が出たし、咳もしたので、家にある風邪薬を飲みました。

(3)　朝、起きたらもっと風邪がひどくなったので学校を欠席することにしました。お母さんが先生に電話してくれました。多分昨日雨に降られながらサッカーをしたせいだと思います。

(4)　朝ご飯も食べられないくらいひどい風邪だったので、お母さんに病院に連れて行ってもらいました。久しぶりに友だちに会って楽しかったことはありましたが、これからは雨が降ったらサッカーはしないでしょう。

---

(1)　중학교 친구를 만나 오랜만에 축구를 했습니다. 도중에 비가 내렸습니다만, 그것에도 상관않고, 모두 축구에 몰두했습니다. 중학교 때, 모두 같은 서클이었기 때문에 매우 즐거웠습니다.

(2)　밤에 귀가했더니 콧물이 조금 나왔지만, 신경 쓰지 않고 목욕을 했습니다. (목욕을) 끝난 뒤도, 열이 나왔고, 기침도 했기 때문에 집에 있는 감기약을 먹었습니다.

(3)　아침에 일어났더니, 더욱 감기가 심해졌기 때문에 학교를 결석하기로 했습니다. 어머니가 선생님께 전화를 해 주었습니다. 아마 어제 비를 맞으면서 축구를 한 탓이라고 생각합니다.

(4)　아침밥도 먹을 수 없을 정도로 심한 감기였기 때문에, 어머니가 병원에 데리고 가 주었습니다. 오랜만에 친구를 만나 즐거웠던 것은 있었습니다만, 앞으로는 비가 내리면 축구는 안 하겠죠.

어휘　中学校 중학교　友だち 친구　会う 만나다　久しぶりに 오랜만에　途中で 도중에　雨が降る 비가 내리다　~にもかまわず ~에도 상관없이　~に夢中だ ~에 빠지다　同じ 같음　サークル 서클　楽しい 즐겁다　夜 밤　家 집　帰る 돌아오다　鼻水 콧물　少し 조금　出る 나오다　気にする 신경 쓰다　お風呂に入る 목욕하다　あがる 끝내다　熱 열　咳 기침　風邪薬 감기약　朝 아침　起きる 일어나다　もっと 더욱　ひどい 심하다　欠席 결석　~ことにする ~하기로 하다　お母さん 엄마　先生 선생님　電話 전화　多分 아마　昨日 어제　せい 탓　朝ご飯 아침밥　病院 병원　連れる 동반하다

UNIT 8 응답의 예

問題 3

P7_U8_03

(1) 今朝、会社に行こうとして駐車場に行ったら、私の車の前に他の人の車がふさいでいました。うちのマンションは入居者のわりに駐車場が狭いのでたびたびこういうことがあります。

(2) フロントガラスに電話番号があったのでかけましたが、すぐに出ませんでした。3回ぐらいかけたら、すぐ車を移動しますと言いました。たまに、電話に出ない時もあって、その時は仕方なく電車に乗って会社に行く時もあります。

(3) 相手はすぐ出てきて「ごめんさない」と何回も謝ったので、私は、「いいえ、そんなことないですよ」と返事をしました。電話に出てくれただけでありがたいと思ったからでしょう。相手は駐車場の空いたところに移動しました。

(4) 相手と軽くあいさつし合って、車に乗って会社に行きました。近所の人だし、怒ってもしょうがないことだから気持ちよく話し合ったことが嬉しかったです。お互い、基本的なマナーをちゃんと守れば、と思う一日でした。

(1) 오늘 아침, 회사에 가려고 주차장에 갔더니, 나의 차 앞에 다른 사람의 차가 막고 있었습니다. 우리 맨션은 입주자에 비해 주차장이 좁기 때문에 종종 이런 경우가 있습니다.

(2) 앞유리에 전화번호가 있어서 전화를 걸었더니, 바로 받지 않았습니다. 3번 정도 걸었더니, 바로 자동차를 이동하겠습니다 라고 말했습니다. 가끔, 전화를 받지 않을 때도 있어서, 그럴 때는 어쩔 수 없이 전철을 타고 회사에 갈때도 있습니다.

(3) 상대방은 바로 나와서 「죄송합니다」 라고 몇 번이나 사과했기 때문에, 나는 「아뇨, 괜찮습니다」 라고 답변을 했습니다. 전화를 받아준 것만으로 고맙다고 생각했기 때문이겠죠. 상대는 주차장의 비어 있는 곳으로 이동했습니다.

(4) 상대와 가볍게 서로 인사를 하고, 자동차를 타고 회사에 갔습니다. 이웃 사람이고, 화를 내어도 어쩔 수가 없는 일이어서 기분 좋게 서로 이야기를 한 것이 기뻤습니다. 서로, 기본적인 매너를 제대로 지키면, 라고 생각하는 하루였습니다.

어휘 今朝 오늘 아침　会社 회사　駐車場 주차장　車 자동차　前 앞　他 다른　ふさぐ 막다　入居者 입주자　~のわりに ~에 비해　狭い 좁다　たびたび 종종　こういう 이런　フロントガラス 앞유리　電話番号 전화번호　かける 걸다　すぐに 바로　出る (전화를) 받다　~回 ~번　移動 이동　仕方なく 어쩔 수 없이　電車 전철　乗る 타다　相手 상대　何回 몇 번　謝る 사과하다　返事 답변　ありがたい 고맙다　空く 비다　軽い 가볍다　あいさつ 인사　동사ます형+合う 서로~하다　近所 이웃　怒る 화를 내다　しょうがない 어쩔 수 없다　気持ちよく 기분 좋게　嬉しい 기쁘다　お互い 서로　基本的 기본적　マナー 매너　ちゃんと 제대로　守る 지키다　一日 하루

問題 4　　　　　　　　　　　　　　　　　　　　　　　　　　P7_U8_04

(1) 晩ご飯を食べて、家族と一緒に居間でコーヒーを飲みながらニュースを見ました。いろんなニュースがありましたが、あるデパートで大火事が起きたそうです。消防車が何台も来て、火を消そうとしましたが、結局死亡者や怪我人が数人出たそうです。火事の原因は明らかになっていませんが、警察で調べているところだそうです。

(2) ニュースを見たお父さんは、子供の時、火事を経験したことについて言ってくれました。お父さんが小学校の時、教室で火事が起きて、みんなで急いで避難したそうです。早めに火を見つけたのでみんな無事だったと言われました。でも、教室が全部焼けてしまって、当分の間、講堂で授業を受けたと言われました。

(3) お母さんは火事が起きたら、どう対処するべきかについて教えてくれました。「火事だ」と大声を出し、隣に援助を求めてから１１９番に通報してすぐ逃げなさいと言いました。

(4) お父さんは地震が起きた時の対処法についても教えてくれました。揺れを感じたら、まずドアを開けて避難路を確保し、揺れが収まるのを待つ。部屋の中にいるとき、揺れを感じたら、ベッドの下などにもぐりこんで身の安全を確保するようにと。火事や地震は怖いものだと感じました。

(1) 저녁밥을 먹고, 가족과 함께 거실에서 커피를 마시면서 뉴스를 보았습니다. 여러 뉴스가 있었습니다만, 어떤 백화점에서 큰 화재가 발생했다고 합니다. 소방차가 몇 대나 와서, 불을 끄려고 했습니다만, 결국 사망자랑 부상자가 몇 명 나왔다고 합니다. 화재의 원인은 분명하지 않았습니다만, 경찰에서 조사하고 있는 중이라고 합니다.

(2) 뉴스를 본 아버지는, 어릴 때, 화재를 경험한 것에 대해서 말해 주었습니다. 아버지가 초등학교 때, 교실에서 화재가 발생하여, 모두 서둘러 피난했다고 합니다. 조금 빨리 불을 발견했기 때문에 모두 무사했다고 말했습니다. 하지만, 교실이 전부 불타버려, 당분간은 강당에서 수업을 받았다고 말했습니다.

(3) 어머니는 화재가 발생하면, 어떻게 대처해야만 하는지에 대해서 가르쳐 주었습니다. 「불이야」라고 큰 소리를 내고, 이웃에게 도움을 구하고 나서 119번에 통보하고, 바로 도망가라고 말했습니다.

(4) 아버지는 지진이 발생했을 때의 대처법에 대해서도 가르쳐 주었습니다. 흔들림을 느끼면, 우선 문을 열어서 피난로를 확보하고, 흔들림이 진정되는 것을 기다린다. 방 안에 있을 때, 흔들림을 느끼면 침대 아래 등에 들어가서, 몸의 안전을 확보하도록 해 라고. 화재랑 지진은 무서운 것이라고 느꼈습니다.

UNIT 8 응답의 예

어휘 晩ご飯 저녁밥 食べる 먹다 家族 가족 一緒に 함께 居間 거실 飲む 마시다 大火事 큰 화재 起きる 일어나다, 발생하다 消防車 소방차 何台 몇 대 火 불 消す 끄다 結局 결국 死亡者 사망자 怪我人 부상자 数人 몇 사람 出る 나오다 原因 원인 明らかだ 밝혀지다 警察 경찰 調べる 조사하다 현재진행형+ところ ~하고 있는 중 お父さん 아버지 子供の時 어릴 때 経験 경험 小学校 초등학교 教室 교실 急ぐ 서두르다 避難 피난 早めに 조금 빨리 見つける 발견하다 無事 무사 全部 전부 焼ける 타다 当分の間 당분간 講堂 강당 授業 수업 受ける 받다 お母さん 어머니 対処 대처 ~べきか ~해야만 하는가 ~について ~에 대해서 教える 가르치다 大声 큰 목소리 出す 내다 隣 이웃 援助 원조 求める 구하다 ~てから ~하고 나서 通報 통보 逃げる 도망가다 地震 지진 揺れ 흔들림 感じる 느끼다 開ける 열다 避難路 피난로 確保 확보 収まる 진정되다 待つ 기다리다 部屋 방 もぐりこむ 아래로 숨다 身 몸 安全 안전 怖い 무섭다

問題 5

(1) 昨夜、遅くまでテレビを見たのでいつもの時間より遅く起きました。朝ご飯も食べずに自転車に乗って学校へ行きました。横断歩道を渡ろうとしたら、自動車が私の自転車のすぐ横に急ブレーキを踏みながら止まりました。もう少しで引かれるところだったのでびっくりしたんです。

(2) 運転手はすぐ車から降りて私に謝りましたが、彼も驚いたようです。幸いに何もなかったが、運転手は一緒に病院に行こうと言いました。ぶつけたわけでもないし、私はいいと言いました。彼も会社に遅れたらしく、スピードを出して走ったようです。

(3) 運転手は私に名刺を渡して、もし何かあったら連絡してくださいと言いました。学校に遅刻しそうだったので、私も早く自転車をこいで学校に着きました。

(4) 今朝、起きたことを友だちに言ったら、みんな私のことを心配そうに慰めてくれました。友だちにも私と似たようなことがけっこうあったようです。自転車も自動車も、もうちょっと余裕を持って運転しなければなりませんね。

(1) 어젯밤, 늦게까지 텔레비전을 봐서 평소 (일어나는) 시간보다 늦게 일어났습니다. 아침밥도 먹지 않고, 자전거를 타고 학교로 갔습니다. 횡단보도를 건너려고 했더니, 자동차가 나의 자전거 바로 옆에 급브레이크를 밟으면서 멈추었습니다. 자칫 잘못하면 치일 뻔 했기 때문에 놀랐습니다.

(2) 운전사는 바로 자동차에서 내려서 나에게 사과했습니다만, 그도 놀랐던 것 같습니다. 다행히 아무 일도 없었습니다만, 운전사는 함께 병원에 가자고 말했습니다. 부딪힌 것도 아니고, 나는 괜찮다고 말했습니다. 그도 회사에 늦은 것 같아서 스피드를 내서 달린 것 같습니다.

(3) 운전사는 나에게 명함을 건네며, 만일 무슨 일이 있으면 연락해 주세요 라고 말했습니다. 학교에 지각할 것 같았기 때문에, 나도 빨리 자전거를 저어 학교에 도착했습니다.

(4) 오늘 아침에 있었던 일을 친구에게 말했더니, 모두 나를 걱정스러운 듯이 위로해 주었습니다. 친구에게도 나와 비슷한 일이 상당히 있었던 것 같았습니다. 자전거도 자동차도 좀 더 여유를 가지고 운전해야만 하겠군요.

어휘 昨夜(ゆうべ・さくや) 어젯밤　遅くまで 늦게까지　いつもの 평소의　時間 시간　起きる 일어나다, 발생하다　朝ご飯 아침밥　～ずに ～하지 않고　自転車 자전거　乗る 타다　学校 학교　行く 가다　横断歩道 횡단보도　渡る 건너다　自動車 자동차　横 옆　急ブレーキ 급브레이크　踏む 밟다　止まる 멈추다　もう少しで~ところだった 자칫하면~할 뻔하다　引かれる 치이다　びっくりする 놀라다　運転手 운전사　車 자동차　降りる 내리다　謝る 사과하다　驚く 놀라다　幸いに 다행스럽게도　何も 아무 일도　一緒 함께　病院 병원　ぶつける 부딪히다　～わけでもない ~것(셈)도 아니다　会社 회사　遅れる 늦다　出す 내다　走る 달리다　名刺 명함　渡す 건네다　もし 만일　連絡 연락　遅刻 지각　こぐ 젓다　着く 도착하다　今朝 오늘 아침　友だち 친구　心配 걱정　慰める 위로하다　似る 닮다　けっこう 상당히　余裕 여유　持つ 가지다

초판인쇄_ 2019년 2월 13일
3쇄 발행_ 2025년 4월 1일
저자_이장우
펴낸이_이장우
펴낸곳_도서출판 예빈우
등록일자_2014년 1월 17일
등록번호_제 398 - 2014 - 000001호
주소_경기도 남양주시 순화궁로 249 별내 파라곤스퀘어 M동1309호
홈페이지_www.yebinwoo.com (도서출판 예빈우)
　　　　www.leejangwoo.com (이장우닷컴)
이메일_yebinwoobooks@gmail.com

ISBN 979-11-86337-34-9 (14730) / 세트 979-11-86337-33-2

Copyright ⓒ 2022 이장우
＊ 이 교재의 내용을 사전 허가없이 전재하거나 복제할 경우 법적인 제재를 받게 됨을 알려 드립니다.
＊ 잘못된 책은 구입하신 서점이나 본사에서 교환해 드립니다.
＊ 정가는 표지에 표시되어 있습니다.